沃尔特·迪士尼

Walt
Disney

沃尔特·迪士尼
Walt Disney

皮波人物国际名人研究中心 编著

国际文化出版公司

·北京·

图书在版编目（CIP）数据

沃尔特·迪士尼 / 皮波人物国际名人研究中心编著. --北京：国际文化出版公司，2013.12（2024.2重印）
（名人传记丛书）
ISBN 978-7-5125-0577-3

Ⅰ.①沃… Ⅱ.①皮… Ⅲ.①迪士尼，W.E.（1901～1966）—传记 Ⅳ.①K837.125.78

中国版本图书馆CIP数据核字（2013）第227190号

沃尔特·迪士尼

作　　者	皮波人物国际名人研究中心　编著	
责任编辑	郑湫璐	
统筹监制	葛宏峰　刘　毅　徐　峰	
策划编辑	刘露芳	
美术编辑	丁鍈煜	
出版发行	国际文化出版公司	
经　　销	国文润华文化传媒（北京）有限责任公司	
印　　刷	北京一鑫印务有限责任公司	
开　　本	700毫米×1000毫米　　16开	
	8印张　　　　　　　73千字	
版　　次	2013年12月第1版	
	2024年2月第3次印刷	
书　　号	ISBN 978-7-5125-0577-3	
定　　价	30.00元	

国际文化出版公司
北京市朝阳区东土城路乙9号　　　　　邮编：100013
总编室：（010）64270995　　　　　传真：（010）64270995
销售热线：（010）64271187
传真：（010）64271187-800
E-mail：icpc@95777.sina.net

目录

目录

沃尔特的少年时期

迪士尼家的经历

到迪士尼乐园去游玩，几乎是现在每个孩子的愿望。米老鼠与唐老鸭这两个可爱的卡通形象几乎人人皆知。我们即将讲述的就是它们的创始人沃尔特·迪士尼（Walt Disney）的一生。他是美国著名的制片人、编剧、卡通制作人，也是一个把无尽的欢笑带给了全世界的人。

1801 年，迪士尼的曾祖父艾莱德出生在爱尔兰。1834年 9 月，艾莱德与兄弟罗勃为了寻求新生活，携带家眷从利物浦上船，开始了美国之行。一个月之后，他们在纽约上岸。到达这片新土地之后，两兄弟就分手了，罗勃一家去了美国中西部，而艾莱德却到了加拿大北方安大略省的戈德瑞镇。

为了生活下去，艾莱德一家在镇上开了一家磨坊。艾莱德和妻子玛丽亚一共生了 16 个孩子。凯普·迪士尼是长子，他是 1832 年在爱尔兰出生的。凯普和他的妻子玛丽·理查逊都不喜欢北方漫长而酷寒的冬天，便决定南下。1878 年，凯普夫妇带着他们的儿子伊利亚斯和罗勃，离开了冬日漫长的加拿大，向美国的加利福尼亚迁移。这时候，加利福尼亚地区的淘金热疯狂地吸引着来自不同地区的人们。凯普一家经过堪萨斯州的时候便决定留了下来，他们在艾力斯买了200亩地，办起了农场。

生活一段时间后，堪萨斯州的寒冷冬天又使凯普产生了南下的念头。于是，凯普就带着长子伊利亚斯随着邻居南下到了佛罗里达州。不久之后，凯普又重新回到堪萨斯州，伊利亚斯则独自留在佛罗里达，并在基士麦买了一个40英亩的农庄。

1888年的元旦，28岁的伊利亚斯与邻居19岁的漂亮女儿弗罗拉结为夫妻。婚后，伊利亚斯便关闭了农庄，重新在戴托那海滩买了一家旅馆。没多长时间，由于观光旅游行业日趋萧条，旅馆不得不关门了。这时，他们的长子赫伯特降生了。伊利亚斯改行当了邮差，并省吃俭用攒下一笔钱买了个小橘子园。结果，难以预料的寒霜把园里的橘子都冻坏了，伊利亚斯也染上了疟疾。

每当运气转坏的时候伊利亚斯就喜欢搬家，这一次当然也不例外。1889年，迪士尼一家搬到了芝加哥，希望能够改善一下艰难的生活。他们刚来芝加哥时，这个美国东西部货物的集散转运中心城市已有120万人口。大城市的繁华、五光十色都是伊利亚斯从来没有见过也没有想象过的，他渐渐对城市产生了极大的兴趣，下定决心要在这块繁华的地方干出一番事业来。伊利亚斯对大干一番的念头充满了信心，他的两个儿子雷蒙德、洛伊也相继出世了。

伊利亚斯的第一步设想是运用自己早年所学的木工活的手艺来建造一幢漂亮的房屋。他买下了房子旁边的一块空地,准备另建一幢出售。不仅如此,他在芝加哥市区的其他地方也建房子出售,并且与大银行建立了良好的关系。他的妻子弗罗拉也非常能干,她负责房屋的设计、建筑材料的购买,并兼做会计,如果买主需要的话,她甚至还可以负责装潢。在两个人的共同努力下,日子过得很幸福。4年过去了,建筑业渐渐地不景气了,伊利亚斯只得放弃自己的事业而到其他公司去当木工,一周要干7天的活,一天的报酬也只有一美元。

难忘的童年

1901年12月5日,小儿子沃尔特·迪士尼出生了。外貌俊秀并且性格温和、乖巧的沃尔特深受母亲弗罗拉的疼爱,哥哥们也很喜欢这个最小的弟弟。洛伊经常推着婴儿车带着他出去,并高兴地用自己赚来的一点钱给他买玩具。1903年,沃尔特的妹妹出生了,比他小两岁,名字叫露丝·弗罗拉·迪士尼。

伊利亚斯已经越来越注意如何教育子女的问题。邻居中的两个和自己儿子年龄相仿的青年,在一次抢劫案中杀死了一名警察而被捕,使伊利亚斯深感这是个充满罪恶的城市。

为了使孩子们拥有良好的品质，伊利亚斯和弗罗拉商议之后决定把家迁到淳朴安静的乡下去。

伊利亚斯的弟弟罗勃住在马瑟琳镇，伊利亚斯得知那里土壤肥沃、环境优美、气候宜人，而且经济稳定、资源丰富，各行各业都很发达，购物也方便。最重要的是那里的人都信仰基督教，孩子们在那里可以得到有益的发展。1904年6月，伊利亚斯夫妇带着孩子们迁到了马瑟琳镇。

马瑟琳镇距堪萨斯市120里。如同许多小镇的兴起一样，马瑟琳也是因为铁路的兴建而繁华起来的。迪士尼一家迁到这个小镇时，镇上已经有5000多个居民了。伊利亚斯买下了面积约有45英亩的仙鹤农场，一家人开始了辛勤的劳作和稳定平凡的生活。

不到3岁的沃尔特根本不记得在芝加哥生活的情景，但是对生活在马瑟琳的童年时光却念念不忘。他后来回忆说："那是一处很美的农场，前面有一大片草地，轻盈的柳枝随风飘拂。此外还有两个果园，一个是老果园，一个是新果园。园中有一种苹果叫做狼河苹果，长得特别大，附近的人都跑来观看。"

买下农场后，全家人便开始劳作了。这时恰好是春天，沃尔特的父亲和哥哥们准备耕种土地了，他们把大部分的土地用来种玉米，剩下的就种小麦和大麦。伊利亚斯买了奶牛，还养上了猪、鸡和鸽子。弗罗拉一天忙到晚，除了给全家人做饭、洗衣、缝补外，还要照料菜园、搅制牛油以便到杂货店去换一些生活必需品。弗罗拉做的牛油味纯而且鲜美，杂货店的老板特别开设了一个柜台来出售她做的牛油。

在仙鹤农场，沃尔特从不同的庄稼收成中感受到四季的更替，并因为这些变化感到无穷的乐趣。收割芦栗时，沃尔特就帮忙牵着马把砍好的芦栗茎压成糊状，用来做成糖蜜。收割麦子的时候，农庄上会弄来巨大的、冒着蒸气的打谷机，沃尔特喜欢在旁边看它如何工作。

一天天过去了，沃尔特也长大了。他开始喜欢到远离农庄的地方去玩，洛伊常陪他一起去。在那儿他第一次看到了树林中的胡桃树、榛子树、柿子树、野葡萄及野樱桃。沃尔特也开始学会了观察林中的各种动物——兔子、狐狸、松鼠、臭鼬鼠和浣熊，搜寻树上的鸟儿——美洲鹑、乌鸦、鹰、啄木鸟、野云雀、北美红雀、鸫鹩、燕子和野鸽等等。炎热的夏天到来时，沃尔特又会和洛伊一起到几英里外的黄溪去，快活地在缓流而又清凉的溪水中泡上一会儿。

父亲伊利亚斯是一个勤劳而又严厉的人，但是有时候也会表现出和蔼可亲的一面。例如，星期天他常带着沃尔特乘马车去泰勒老爹家玩。在那里，泰勒的女儿弹着钢琴，而伊利亚斯拉着小提琴。小沃尔特坐在一边的高背椅上一动不动地聆听着美妙的音乐，仿佛陶醉了一般。他实在想不到严厉的父亲居然还能奏出这么好听的曲子来。当然，大多数时间，父亲对待他们都很严格，甚至有些专制。

在沃尔特很小的时候，母亲就教他认字了，但是为了等露丝一起上学，他到 7 岁才进学校。沃尔特总是喜欢一些课堂之外的东西，因为他觉得那些东西比功课更有趣，这也是他成绩不好的一个原因。他对马瑟琳镇上刚刚开的一家电影院开始感兴趣了。放学之后，他说服了露丝与他一同去看电影。电影院的屏幕是用床单做的。即使如此，他们还是很高兴地看了《耶稣十字架》和《复活》的活动影片。看完电影已经很晚了。他们急匆匆地赶回家，心想父亲一定又要大发脾气了，但是回家之后却没有遭到处罚，父母看到他们平安回来也就放下了一颗悬着的心。

凭借一座小农场维持全家的生活，伊利亚斯感到压力很大，因此他的脾气也越来越坏。伊利亚斯租来了兄弟罗勃·迪士尼的田地让两个年长的儿子赫伯特和雷蒙耕种。他们俩在丰收之后赚到了 175 美元，就各自花了 20 美元买了一块带金链的手表。父亲知道后，责骂他们浪费，并问他们俩怎样处置剩下的钱。赫伯特和雷蒙再也不能忍受父亲的这种专制了。第二天中午赫伯特骑马去镇上银行取出了他和雷蒙的钱。晚饭之后，他们从窗户跑了出去，搭上了 9 点半开往芝加哥的火车。

一连失去两个劳动力，对迪士尼一家来说无疑是沉重的打击，然而不幸却远远没有结束。干旱再次发生了，所有的井都干涸了。种植的苹果成熟了，但价格却大大降低。伊利亚斯按照从父亲那学来的办法，把苹果埋在一层一层的稻草下面。冬天来的时候，苹果还很新鲜，一家人就挨家挨户去卖苹果。

弗罗拉所做的牛油，伊利亚斯从不让家里人吃，而卖给邻近的居民。

1909 年的冬天是伊利亚斯家最不幸的日子。伊利亚斯患了伤寒，不久又转为肺炎。因而全家的重担就落到了洛伊的肩膀上，对于一个只有 16 岁的男孩来说，负担无疑太重了。弗罗拉在多次劝说伊利亚斯取得同意后，卖掉了仙鹤农场，全家搬回了堪萨斯城。4 年的辛苦劳动，最后换得的仍只是当年购买这座农场的价款。

沉重的生活

1908 年，7 岁的沃尔特进入本顿学校读书，这是一所八年制的学校。虽然弗罗拉早早就教沃尔特认字了，但是他的成绩并不优秀。上课时，沃尔特经常不注意听课，他的思想似乎被神奇的幻想占据了。沃尔特成绩不好的主要原因是，他厌恶按部就班的学习方式，做作业总是敷衍了事，对自己落下的课程进度也毫不在意。但是，他并没有把时间拿来玩乐，而是投入到阅读马克·吐温的全部著作中去了。他还喜欢阿杰梭写的故事和汤姆·斯威夫特写的冒险事迹，也对史蒂文森、斯科特和狄更斯的小说很感兴趣。

沃尔特除了上学外，还要兼任送报的工作。因为伊利亚斯的身体状况不再适合做体力工作，于是他改行卖报纸，买下了 700 份《时代》早报和《星报》的送报权。沃尔特每天都要为父亲去送报，而且每天凌晨 3 点半就要到送报车那儿领取报纸。沃尔特整整送了 6 年的报纸，除了有 4 个星期因生病而没有送报外，每天早晨和下午他都一如既往地坚持送报纸。

送报是很辛苦的，就是下大雪也不能间断。沃尔特跌倒在雪坑里已不是一次两次了，有一回还差点让雪给埋了起来。每当下雨下雪之时，沃尔特最喜欢送最后一站的报纸，因为那里是一幢装有暖气的公寓。他可以一层一层地在走廊送报纸，在这里才觉得有了暖意，他还时常在角落里小睡一下，但每次总是惊醒，一醒来时弄不清是不是已送完了报纸，并害怕上学迟到。这对于一个孩子来说，已经是很不简单了。

直到晚年，沃尔特还时常梦到送报时的情形，梦到有几家报纸没送到，在梦中还觉得惊慌恐惧。其他的孩子送完报后都能得到一笔报酬，而沃尔特却从来没有。父亲的专制，使留在家中的孩子们觉得难以忍受。洛伊 19 岁了，他已经高中毕业了。他不愿意继续忍受父亲的专制和脾气，便学着两个哥哥的做法，逃离家庭去了兰西叔叔的农场。

沃尔特的担子更重了，因为家中只剩下他一个男孩。家里的所有事情都需要他照应和帮忙。伊利亚斯想增建一间厨房、一间卧室和一间浴室，就让沃尔特帮忙。而当时的沃尔特仅仅是一个孩子，对盖房子一窍不通，可是专制的伊利亚斯则显得有点不耐烦，看到沃尔特不会干活，便会大加斥责，只有母亲会常常护着他。

沃尔特在繁重的工作之外，也有自己的高兴事。他喜欢上了马戏。市里的马戏团来时，他就会跟着马戏团穿大街走小巷，常常把小露丝丢在后面好远。马戏团走后，他便会把小露丝和邻居家的孩子召集起来，依照马戏团的样子，将一辆大篷车改装成游行车。

沃尔特最钟爱的事情是绘画。这个兴趣却令他的老师头疼不已，因为他总是把画画得不合逻辑而又滑稽好笑。有一次，老师布置作业，让大家画一盆花，可是他并不按常规去画，而是故意将花画成脸，叶子画成了手，结果挨了老师的批评。

沃尔特对任何事物都有着独特的见解。他渐渐喜欢上画漫画，最先是仿照《理性》杂志上的漫画来画。他的技艺慢慢娴熟起来。有一回，他去理发店画了一张画，画出了来理发的人的各种姿态，老板感到很有意思，并将它挂了起来。老板让沃尔特每星期为他画一张，他就可以免费理发，沃尔特很乐意有这样的交换。

同学华特·皮费夫患了腮腺炎在家休息，沃尔特去看望他。沃尔特也得过这种病，因此不怕被传染，他为了给华特解闷就画画给华特看。沃尔特与华特成了好友，他也成了皮费夫家一位常客。

华特的父亲皮费夫先生有德国血统，他是一个非常乐观的人，特别爱笑，笑声大得几乎可以震破房顶。在皮费夫先生的影响下，沃尔特得以接触许多精彩无比的杂技和扣人心弦的电影，但是沃尔特经常提心吊胆，因为他怕父亲知道自己去了戏院。

看完马戏回来，沃尔特和华特就会模仿马戏的杂耍表演和唱歌，并模仿无声电影里的逗笑镜头。

在林肯纪念日，沃尔特用些硬纸板加在父亲的礼帽上，再涂上黑鞋油便成了一个大礼帽，他又借来父亲在教会执事时穿的燕尾外衣，然后在自己的下颌上贴上皱纹纸做的胡子，面颊上面弄一个疣，装扮成林肯的模样。校长看到后，觉得十分相像，就带着沃尔特到各个班上去模仿林肯在葛底斯堡的著名演讲，效果出乎意料的好。

沃尔特终于有机会在戏院表演了，他与华特在当地戏院的业余之夜演出了《卓别林和伯爵》。沃尔特这一次穿上父亲的裤子和工作服，戴上大礼帽，又戴上了山羊胡子，成功地演了卓别林，并且得了第4名和一些奖金。沃尔特害怕父亲知道他演戏，到了晚上便悄悄地从窗户爬出去，又与华特接连合作演了好几出滑稽剧。有一回，伊利亚斯和弗罗拉带着小露丝去看杂耍戏，其中有个小演员头上可以顶三把椅子，椅子上面可以再站一个小孩。他们根本不会想到，这个小演员就是沃尔特。

除了送报的工作，沃尔特还要为一家药店送药，以及在街角卖报纸来赚些零用钱，伊利亚斯几乎一分钱都不给他。为了能吃上中午饭，他不得不利用中午休息时间替一家糖果店扫地。繁重的工作使年幼的沃尔特累坏了，有时他穿着衣服准备出去送报时，都会在穿衣服的过程中睡着。

确立前进目标

1917 年，沃尔特快要毕业了，他还没有考虑过自己的前途问题。这年春天的一个下午，他送完《星报》就往冷饮店走去，他和朋友约好去喝汽水、聊聊天。过马路的时候，他边走边踢着冰玩，没想到有一大块冰里冻有一颗尖锐的马蹄钉。钉子穿透了靴子，扎进了沃尔特的脚趾，他疼得大叫起来。天气寒冷，他的脚很快与冰冻在了一起，他大声呼救，但是当时电车的声音很大，盖住了他求救的声音，直到 20 分钟后一位好心的司机砍开了冰，送他去了一家诊所才得救。

由于脚伤，他在床上休息了两个星期，这时他可以静下心来考虑自己的前途了。他想，自己不喜欢专心地学习，无法当医生或律师，就是上了大学，家里也不会花钱供养他。现在唯一使他感兴趣的是影视方面的事情。在他看来，没有任何事情比在观众面前表演更令人愉快了。可是他对去大的杂耍戏院竞争又缺乏必要的信心，于是他想到了绘画。他以前在理发店和学校画的画都引得大家发笑，也很热衷于堪萨斯市的儿童绘画班。沃尔特下定决心，要成为一名优秀的漫画家。

伊利亚斯对生活变得越来越不满意。分送报纸的生意没有像他预期的那样继续扩展下去，也找不到合适的报童。这使他又想着重新找路子。他拿出自己的全部积蓄，凑足了 1.6 万美元，投资给了芝加哥的俄塞尔果酱工厂。除获取利息外，他还担任了工厂建筑部门的主管。

1917 年 6 月，沃尔特从本顿学校毕业。毕业后，他留在堪萨斯，帮助新的报纸生意老板熟悉送报的路线。大哥赫伯特已结婚，并有了一个女儿，搬回家里来住了，而沃尔特和洛伊也留在家里。沃尔特与圣路易斯州际新闻公司联系申请了一份暑期的工作。为了让公司接收，他将年龄 15 岁改成了 16 岁，并且在洛伊的帮助下缴了 15 美元的保证金。

沃尔特开始正式工作了，他穿上了蓝色的制服，扣子金光闪闪，十分耀眼，衣领上的牌子和扣子上都有新闻公司的名字，因此他感到十分自豪。他到公司领来了大篮子，里面装着水果、爆米花、花生米、糖果和汽水，开始了在火车上卖食品的暑期旅行。车上很闷热，因而汽水销路很好，但是带着汽水瓶子来回走很累，于是他把瓶子放在最后一节车厢里了。卖完东西后，他去末节车厢取瓶子，结果发现车厢不见了，列车长告诉他由于车上人太少将后面车厢取消了。这样一来，丢了空瓶子，他第一次赚的钱就全部泡汤了。有时，他离开装有东西的篮子一会，回来后就发现不是少了糖果，就是少了香烟。更使他感到为难的是，新闻公司常给他熟透的苹果，还没等到卖出去就烂了。

一个暑假，沃尔特到了许多城市。他变得日趋成熟了，但是付出了辛苦劳动却没赚到什么钱，在火车上空瓶不断丢失，篮中的东西也常被偷走，列车长又不允许他卖招苍蝇的烂苹果，结果损失十分惨重。洛伊真心地劝沃尔特不要再干下去了，沃尔特想了想也勉强同意了哥哥的意见，反正夏天马上就要过去了。他决定到芝加哥的父母身边去，开始他的高中生活。

　　1917年，沃尔特作为芝加哥麦金利中学的一名新学生，充分展示了他的艺术天分，成为《金声》杂志的一名漫画家。沃尔特的漫画逐渐被采用。在他活泼而幽默的漫画中，反映出他急于参军的心情。他的哥哥洛伊此时已加入了海军。

　　沃尔特还是《金声》的摄影师，每个星期有三个晚上要到芝加哥艺术学院去学解剖学、写作技巧以及漫画。

　　沃尔特常常在自己房间里一画就画很久，直到画得满意了才拿出来给其他的人看。他还不忘收集笑话，经常在杂耍戏院一坐好几个小时，把笑话记下来，用在他的漫画上。

　　1918年的春天，沃尔特读完了高中一年级，便与一位朋友同去邮局联系暑期工作。他的朋友谎报了年龄，便得到了一份工作，而沃尔特说自己16岁，因而没有成功。回家之后，他拿铅笔在脸上画了几条皱纹线，又穿上父亲的西装，戴上了帽子，重新去邮局应招，这次他虚报年龄为18岁，结果就找到了工作。

　　沃尔特的工作是负责分信。他每天工作12至14小时，可以免费搭乘电车和高架铁路跑遍全市。在工作期间，他还弄懂了开卡车的要领，并学会如何驾驭马车取信。

1918 年的夏天可以说是沃尔特有生以来觉得最惬意的一段日子了。他在邮局工作的时间虽长，但一点都不累。他的心情既开心又激动，因为他可以有钱买自己喜爱的东西了，他一直想要拥有一台摄像机。有时，在下班后，他就请麦金利中学的女同学去看电影和杂耍表演。不久，两人就确定了恋爱关系。他的女友建议他买独木船，但是沃尔特考虑再三还是买了摄影机。在一条巷子里，他支起了摄影机，并拍下了他模仿幽默大师卓别林的镜头。他又与另一个男孩合买了一只便宜的独木船。那艘独木船非常小而且不易操纵。有一次，他与女友在有风的星期天去划船，结果都翻进了水中。

到战场上去

洛伊被调到南卡罗来纳州的查尔斯顿市执行航行于纽约和法国之间的任务。雷蒙·迪士尼则参加了陆军。这年夏天，盟军在第二次马恩河战争中阻遏了德军的前进，开始了全面反攻。沃尔特再也忍不住了，急着要去当兵。他的父母却不愿意他去冒险，坚决不同意他去参军。沃尔特的理由是，他不想他的子孙将来问他是不是因为胆怯才没有参加战争。因此谁都打消不了他参战的念头。

由于沃尔特年龄太小，当地的军队不接受他。他在邮局的一位朋友罗素·马斯也想参军。一天，罗素告诉他，当地正在成立一个志愿组织，叫美国救护车部队，是属于红十字会的，他们需要一批驾驶员。

经过一番周折，沃尔特和罗素终于如愿以偿。之后，他们穿上刚领的制服，来到芝加哥大学附近的营房报到。接着，红十字会就请来了黄色计程车公司的技工，教他们修理汽车，并训练他们在崎岖的地形上开车。

不久，流行性感冒侵袭了整个芝加哥，沃尔特病得非常厉害，必须住院。救护车的驾驶员劝沃尔特搬回家去养病，不然生命随时都可能会出现危险。

沃尔特听了他的建议回到家中。他烧得神志不清，但在弗罗拉的悉心照顾下，他还是慢慢痊愈了。

沃尔特恢复了体力，回到救护车队去，却发现之前的部队和罗素已经搭船到国外去了。沃尔特被派到康涅狄格州桑德滩的一个新部队，等待被派往法国。1918 年的 11 月 11 日，停战协议的签署宣告战争结束了，盟军获得了胜利，全国上下一片欢腾，但是在桑德滩的红十字会队员们却感到十分矛盾，他们志愿参军的理由已经不存在了，往后他们面对的只是在和平时期做一名驾驶员了。他们自称为失业部队，营房的军官仍把他们当作刚入伍的新兵看待，这引起他们极大的不满。

所有的队员都很想家，沃尔特也开始怀念他的母亲和朋友。

一周后,战争形势又发生了变化。一天清晨,大家还没醒,突然营房里灯光大亮,接着便听到有人大声地叫:"都起来!都起来! 有 50 个人要立即到法国去!"当天晚上,也就是 11 月 18 日的晚上,沃尔特就登上了一艘老旧生锈的运货船"法宾"号,向法国出发。

横渡大西洋使所有人把对没有参加到战争中去的失望抛开了。这艘船满装着弹药,虽然不用害怕德国人的潜水艇,但所经过的水道以前是布满了水雷的。沃尔特胆子很大,居然睡在弹药舱的上面。

当船接近法国的时候,好几艘扫雷舰开到他们船旁,护送他们通过最危险的英吉利海峡。这些红十字会的志愿人员都跑到甲板上来看扫雷舰。扫雷舰两边有很长的吊架巡逻水面,舰上炮手查看着水面,寻找水雷。

12 月 4 日抵达哈佛尔,沃尔特跟着大家一起下了船。这些从美国中西部来的年轻人,对于码头旁的一切都感到新奇。他们去了火车站,准备乘火车到巴黎去。沃尔特注意到法国的火车头比他当报贩的时候所见的火车头要小得多。透过玻璃窗,他第一次看到法国乡间的景色,看到高高的灌木丛,白杨树林将一个一个的小农庄分隔开来。

巴黎在当时看起来仍是一个战时的城市。沃尔特在巴黎市区只是匆匆地看了看,便去了圣西尔。圣西尔是法国军校的所在地,美国的救护车队总部也在那,他到后便报了到。不久,沃尔特又从圣西尔调到第五后方急救医院。刚去医院时，他开大卡车和用救护车改装的小车。后来，他被派到汽车集用场为军官开车。很快他就把巴黎的大街小巷弄熟了，他开车送校官们到各司令部、医院、使馆。

战争结束后的几个月里，美国人陆陆续续离开了法国，红十字会的汽车集用场也就搁置无用了。沃尔特后来被派到南希市附近的一个叫牛角堵的地方，在当地的福利社工作。沃尔特把一个月52美元的工资寄给母亲一半。他一直在思念着母亲。有一次，他在营房里赌骰子，一下子赢了300美元。他便立即到美国通运银行，把钱寄给了母亲，并且让母亲替露丝买只手表，剩下的先存起来。后来，牛角堵福利社被解散了，沃尔特也调回了巴黎。这时，他遇到了罗素·马斯，他们喝着法国咖啡和酒，谈着家乡的事。他们两个人到一家照相馆照相寄给朋友和亲人。一张照片中，沃尔特戴着战地便帽，穿着卡其制服、马裤、还打着绑腿，大衣随便地挂在手臂上，神情愉快而骄傲。另一张照片中他戴着钢盔，神情严肃，好像已经见过大场面一样。沃尔特已经成长起来了。

1919年9月3日，潘兴将军以及他的参谋开始离开巴黎回国，其他的美国部队也陆续地回国。美国的救护车队也终于解散了。沃尔特便登上了回国的轮船，从此开始了他一生的事业。

艰难的创业历程

四处碰壁的求职

伊利亚斯和弗罗拉看到沃尔特时，对他的改变感到大吃一惊。他的个子长高了许多，强壮了也英俊了，看起来像个成熟的男人了，但沃尔特还是像小孩子一样喜欢恶作剧。他拿一个小盒子给他母亲看，说里面有一个从战场带回来的纪念品。当他打开盒子的时候，他母亲不禁吓得直向后退。盒子里竟然是一个人的大拇指。原来，沃尔特把他的拇指涂上碘酒，然后从盒子后面塞到了盒子里面。

沃尔特发现芝加哥的一切已经不是他参军之前的样子了。曾经答应他等他参军回来便和他结婚的女友也已经嫁给别人了。沃尔特一时间竟不知道目标在哪里了。从欧洲回来后要再回到中学去读书，那是不可能的了。他父亲要他到果酱工厂去工作，每星期可拿到 25 美元的薪水，但沃尔特不愿意。伊利亚斯告诉儿子，这个工作待遇已经很不错了。成千上万从战场上归来的人都找不到工作，一旦碰上这样的机会，都抢着去做，但沃尔特仍坚持不干。

沃尔特找到了自己的目标，他想成为一名画家。他决定回堪萨斯市去，因为他不喜欢芝加哥，他觉得这儿太嘈杂、太喧嚣了。1919年2月，洛伊也离开海军部队到堪萨斯市去了。沃尔特要回去看他儿时的朋友，而且他相信堪萨斯市的《星报》会雇用他做政治漫画的编辑。他不顾父亲的反对，把所有的东西以及红十字会的制服打了包，搭上火车就向堪萨斯市出发了。

沃尔特和洛伊兄弟重逢，两人都十分开心。他们聊天聊到深夜，谈他们在国外遇到的各种趣事、理想等等。洛伊在堪萨斯市第一国家银行做出纳，月薪90美元。他希望能够晋级加薪，以便和女友艾迪娜·弗朗西斯结婚。沃尔特告诉洛伊自己想做政治漫画家，并把他在法国所绘的画拿给洛伊看。

沃尔特带着他的画到《星报》报社去，可是报社告诉他不缺漫画家。沃尔特决定先从底层干起，他看到《星报》要征求一个绘画助手，就去应征，并穿起红十字会制服，以便看起来成熟一些。结果，他制造的效果过头了，招聘人无论如何也不相信他只有18岁。招聘人看到他的经历上曾经做过红十字会的驾驶员，就建议他申请运输部门的工作，沃尔特回答说："我要做漫画家，不要做司机。"他又把他的漫画样品拿到堪萨斯市的《日志报》，虽然获得赏识，但也是没有空缺。

沃尔特一次次碰壁，他非常失望。他把自己的遭遇告诉了洛伊，洛伊也很为他着急。一次，洛伊在银行里和一位同事谈起了沃尔特的事，那位同事说有两个广告画家想招一个学徒。听到这个消息，洛伊赶忙给沃尔特打电话，沃尔特接到电话后马上去找那两位画家——路易斯·俾斯麦和比尔·鲁宾，沃尔特的真诚和热情打动了这两位画家，他们要他拿个样品来看看，沃尔特就把自己画的那幅巴黎街景拿给他们看。他们要他第二天就去上班，薪水以后再议。

沃尔特负责为农场农具和供应品公司设计广告和信笺上面的草图。他的第一项工作就是为一家饲料公司设计广告。沃尔特绘出了一幅广告图，图的内容是一只母鸡卧在窝里，鸡蛋已经多得堆到窝外面了，母鸡孵着带有美金符号的蛋。

一个星期之后，沃尔特得知他的薪水为一个月50美元。沃尔特并没有流露出任何表情，即使只有一半的工资他也会干下去，但是在作画方面，他并不因此而满足。

沃尔特和同事乌布·伊沃克斯的关系很好。乌布是荷兰移民的后裔，他和沃尔特同年出生，像沃尔特一样，也是中学没有毕业就离开了学校，相似的经历使两个人成了好朋友。他们两人紧密合作，为农庄农具以及百货公司和剧院设计了大量的广告图案，但是圣诞节前的繁忙过去之后，他们俩都被辞退了。沃尔特向邮局申请工作，做邮递员一直做到新年以后。

夭折的初次创业

沃尔特和乌布都不愿意因此离开自己所喜爱的事业。他们决定自己创业。

沃尔特写信给他的母亲，让她把自己存的 500 美元钱寄给他。她回信问他干什么用，沃尔特说他想创业。这些钱本来就是沃尔特自己的，他存钱就是为了有机会开创自己的事业。就这样，在来回几封信以后，母亲才给沃尔特寄了存款的一半。

沃尔特和乌布把公司办了起来。他们想把公司称为迪士尼·伊沃克斯公司，但又觉得读起来好像是一家光学公司，于是就改称为伊沃克斯·迪士尼广告公司。乌布负责绘制普通画和美术字等业务，迪士尼则负责漫画创作和扩展业务。为了能多联系业务，沃尔特的足迹踏遍了印刷厂、戏院、商店以及石油公司。沃尔特儿时的朋友华特·皮费夫说服了自己的父亲，雇用沃尔特和乌布为皮革工人联合会设计美术字，这是沃尔特得到的第一份业务。为了寻找其他的业务，沃尔特去拜访他以前的邻居艾尔·卡德，卡德是一份专业刊物《餐厅新闻》的主编，卡德同意他们为自己的刊物设计画作，他在自己的办公室再放两张桌子，以便偶尔请他们两人干活时用。在两人齐心合力下，一个月净赚135美元，比之前的工资还要多，他们更加坚定了创业的决心。

乌布在堪萨斯市《星报》上看到了堪萨斯市幻灯片公司招聘卡通绘画员的广告。他和沃尔特商量后，认为沃尔特应该去应征这份工作。沃尔特听从了乌布的意见，去见了堪萨斯市幻灯片公司的负责人维恩·卡格。

沃尔特的漫画看起来还不错，卡格同意聘请他并给他周薪40美元的薪水。沃尔特希望只做半天工作，这样他可以留下剩余的时间经营自己的公司。卡格要找的是全职员工，他没有答应沃尔特的要求。沃尔特回去和乌布商量对策，乌布支持他接受那份工作。乌布认为自己完全可以承担公司的全部工作。虽然他的漫画水平很高，但是却不会扩展业务，因此公司的业务越来越少，最后只能关门了。沃尔特说服卡格，也雇用了乌布。

堪萨斯市幻灯片公司不久后改名为堪萨斯市电影广告公司，并开始制作一分钟的广告影片，在电影院中放映。这种卡通影片非常的原始：把动物和人的图像剪下来别在布幕上，然后使关节部分动起来，就这样拍下影片，放映的时候就会产生活动的幻觉。画家绘制并剪出图像交给摄影师，附上一份动作的说明。沃尔特开始制作活动的卡通了，他认为这种制作卡通的方法太简陋。他曾经看过纽约的卡通电影，觉得动作真实多了，它们是用图片而不是用剪像制成的。

沃尔特决心要弄清楚其中的奥妙。他在堪萨斯市公共图书馆找到了两本书：一本是卡尔·路斯写的，介绍了卡通影片制片的基本原则。对于沃尔特来说，这本书实在是太简单了，还有一本是爱德华·毛姆基所著，书中探讨了人和动物动作的有关问题。沃尔特仔细研究了爱德华所摄的马匹和运动员在运动时的照片，然后又把这些照片影印出来。他把书还给图书馆，把影印下来的照片放在办公桌上，作为自己绘画的指导。老板认为他画的卡通更具有真实性，决定采纳沃尔特的新方法，于是他和乌布就开始为这家电影广告公司绘制这种卡通影片。

沃尔特对于公司编剧人员所写的剧本也觉得不满意，于是他自己对剧本加以改进，增加幽默的成分。

年轻的沃尔特正在探寻自己的艺术风格。沃尔特的创意使他在电影广告公司出类拔萃，补偿了他绘画技巧的不足。当他为一家帽子公司做广告时，他知道自己无法绘制漂亮的面孔，于是就用自己最擅长的滑稽面孔取代，卡格看到后非常满意。

沃尔特尝试拍摄电影，他向卡格借一架公司里的一次可以照一张的慢照摄影机，又在洛伊的帮助下把家里面的停车间布置成摄影棚,用白热灯做灯光。沃尔特每天工作到凌晨，直到使他的画拍成最佳影片为止。

沃尔特影片主题的来源是堪萨斯市民对道路修缮不利的不满。沃尔特完成了 300 英尺的卡通影片，就把它们送给纽曼剧院。这家剧院在堪萨斯市拥有三家电影院，剧院经理米尔顿·费尔德很喜欢这部影片，他想每个星期上演一部，于是询问沃尔特要多少钱。"每英尺 3 美元吧！"沃尔特略略估算了一下说，费尔德很高兴地同意了，沃尔特也很高兴，但离开费尔德不久，沃尔特便发现他要的价格根本没有什么利润。

沃尔特把他的影片命名为《欢笑卡通》。初期的卡通绘制已具有惊人的技巧，影片中画家的手在纸上滑过，好像在以闪电般的速度画着滑稽的画。沃尔特因为《欢笑卡通》而小有名气。

当沃尔特进一步掌握了绘制卡通片的技巧时，一部真正的卡通影片——《堪萨斯市春季大扫除》产生了。这部影片的题材明显是取自堪萨斯市警察的丑闻。片中，一大队警察雄赳赳地向警察局大厦走去，接着就出现大厦里发生打闹的场景，紧接着抛出了一个个尸体，到最后，从大厦里走出一个人，在大厦门口挂了个"征募警察"的牌子，毫无疑问，这部影片受到了不满警察丑行的堪萨斯市市民的热烈欢迎。

沃尔特希望卡格购买用于制作卡通片的板子，让工作人员学习纽约卡通影片的制作方法。沃尔特提出申请要 100 块用于上色的板子，但采购部门却改买便宜的而且是已经用过的板子。这些板子上面都有划痕和墨水污迹，沃尔特和同事不得不费尽力气把板子擦洗干净。但是沃尔特很兴奋，因为他终于能够像纽约著名的卡通画家一样绘制卡通了。

沃尔特的眼光很长远，他又想着制作连续的卡通故事短片卖给电影院播放。卡格却不这么认为，因为整个美国中西部的电影院都买他的广告电影，他看不出有什么好理由要去冒险尝试新的东西。沃尔特对他的卡通影片非常满意，他甚至还把在电影广告公司的周薪 40 美元的优厚工作辞掉了。

欢笑卡通公司

1922 年 5 月 23 日，沃尔特用 1500 美元的资金建立了欢笑卡通公司。这些钱是他向当地的投资者募集而来的。

乌布·伊沃克斯因沃尔特的劝说而离开了电影广告公司，因此卡通欢笑公司继承了伊沃克斯·迪士尼广告公司的剩余财产。他们租用了在 31 街和森林街交叉口的麦克唐纳大厦二层的 5 个房间与套房，因为除他们俩之外，还增加了五位卡通画家，一位业务经理，一位从事上色工作的女孩子，一位推销员和一位秘书。

沃尔特决定制作像纽约卡通影片公司那样的卡通短片。他根据自己熟知的神话故事，加上令人发笑的情节制作成一部影片。接着，他和同事们用了整整 6 个月的时间制作出了第一部短片《红帽小骑士》。

洛伊的正直、可靠在第一国家银行里获得了赏识，因而也获得了加薪，使他和艾迪娜开始考虑结婚。不幸的是，1920年他得上了肺结核，退伍军人管理处把他送到新墨西哥州圣达菲的一所医院去治疗。

伊利亚斯果酱工厂的投资失败了，他的资产随着工厂的破产而化为乌有，伊利亚斯还是想以改变环境的方法来改变他的运气。他和弗罗拉回到了堪萨斯市，要找木匠的工作做。他发现家里的车房摆满了沃尔特的新奇东西，弄不懂儿子为什么要把时间浪费在这些东西上面，但他还是准许沃尔特继续使用那间车房，不过一个月要收5美元的租金。

按照《红帽小骑士》的模式，欢笑卡通公司开始制作一连串童话卡通影片。推销员到纽约去寻找买主，带回一条令欢笑卡通公司所有人都欣喜若狂的消息。因为他和一家公司订了一份合约。这份合约包括此公司开的一张100美元的支票和一封信，信上说要花一万多美元购买6部卡通片。与此同时，沃尔特还另外制作了5部片子：《不莱梅的四位音乐家》《杰克和魔豆》《金发小女孩和三只熊》《靴中的猫》和《灰姑娘》。

为了增加收入，欢笑卡通公司除制作卡通影片以外，还为幼童拍摄影片。

1922年的秋天，制片业务在这些年轻人手里越来越难维持了，因为没有收到合约方购买故事片的钱，根据合约规定要收到片子6个月以后才付款。这样，虽然6部7分钟的卡通影片已被制出并交付使用，欢笑卡通公司却只得到 100 美元的定金。

当欢笑卡通公司的工资越来越少的时候，工作人员开始陆续离开，最后连乌布也回到电影广告公司去了。

"为什么不把一些真实的人物放进卡通世界里呢？"出于这种想法，沃尔特设计制作了《爱丽丝梦游仙境》，让一个真实的女孩在卡通人物中演出。于是，弗吉尼亚·戴维斯这个头发卷卷的、可爱的 6 岁女孩成了模特。然后再由沃尔特把背景和卡通人物画出来，并写信给堪萨斯发行公司。

但是，沃尔特苦恼地发现《爱丽丝梦游仙境》才完成一半，他已身无分文，只得去找早期的投资人，请求帮忙再次维持欢笑公司。但是，这些投资人早已自认倒霉，宁愿不再收回以前的投资，也不愿再做无谓的投入了。由于公司付不出租金，只得由麦克唐纳大厦搬到一处较小的地方，但还是无法维持下去。这些情况，沃尔特都写信告诉了洛伊，洛伊回信告诉他再努力也没用，还是离开堪萨斯市为好。

沃尔特得到堪萨斯市另一家卡通制片公司的聘请，但此时，他既想离开这个令他失败的环境，又想脱离制作卡通的行业。因此，他既没接受聘请，也不想去卡通制作业集中的纽约，他想去好莱坞当导演。对他来说，唯一成问题的是没有买火车票的钱。于是他挨家挨户地为婴儿照相，然后把照相机卖掉，这才买到一张前往加利福尼亚的单程车票。

走上导演之路

1923年7月，沃尔特离开了堪萨斯市。除了40美元现金，几件衣服以及一些绘画的用具外，他一无所有，但他还是买了一张头等火车票。

沃尔特来到了好莱坞，开始为他的导演事业奋斗。此时的好莱坞到处矗立着各种公司的办公大楼。近十年的时间，一批又一批的制片人涌进好莱坞，电影行业在好莱坞蓬勃发展。

叔叔罗勃·迪士尼退休住在洛杉矶，沃尔特就住到罗勃叔叔家里。他每个星期要付给罗勃叔叔5美元的食宿费。沃尔特印了名片，名片上写道他是环球、塞尼克新闻电影公司驻堪萨斯市的代表。

沃尔特拿着名片到环球影片公司，给接待员看，用自然、自信的语气要求到摄制场去看一看，没想到接待员竟然被他的自信所蒙骗，准许他进去。他在摄影场中乱逛了好几个小时，看到了玻璃围着的舞台、户外布景以及工作人员的工作情形。第二天，他来到环球影片公司的人事部门，说明了他在堪萨斯城的经历，并请求担任导演，但是被拒绝了。

沃尔特又到其他的电影公司去申请导演工作，也同样被拒绝了。因为哪个电影公司都不会看上他这样一个毫无经验可言的毛头小子。为了能够进入这个行业，沃尔特任何工作都愿意做。但是，别人给出的答案就是"没有空缺职位"。

沃尔特已经没有一分钱了，他连食宿费都是向洛伊借的。罗勃叔叔常常责怪和抱怨沃尔特找不到工作，沃尔特并不在意。

在找不到工作的情况下，沃尔特认为他进入电影行业唯一的途径还是卡通影片。他决定像以前一样从头做起——卖卡通片给电影院。他用装干货的箱子和废弃的木板，在罗勃叔叔的车房里装了一个卡通影片摄制架子。现在还需要一个买主，于是他去拜访拥有几家电影院和杂耍戏院的亚历山大·凡特奇。亚历山大先生对沃尔特的构想非常感兴趣。

沃尔特回到罗勃叔叔的车房里，马上着手设计影片的背景。由于工具简陋，绘不出什么复杂的东西。沃尔特就决定将形象贴在简单的背影上，以气球在人物头上爆炸的方式引发出卡通片的笑点。

沃尔特想到《爱丽丝梦游仙境》仍然可以作为他进入卡通影片行业的敲门砖。他印了一些信纸信封，上面印着"沃尔特·迪士尼：卡通画家"。然后，他写信给纽约独立发行商温克勒小姐，信中写道："本人已离开堪萨斯市的欢笑影片公司。现正在洛杉矶市创立卡通制片厂，制作以前提及的新卡通影片系列。制作新卡通影片需将制片厂建立在电影制作中心，以便雇用精通卡通制作的职员和就近利用良好的设施……"

堪萨斯市沃尔特的债权人同意把《爱丽丝梦游仙境》寄给温克勒小姐看。温克勒小姐看后，给沃尔特发了一封电报，同意和他合作，并说明前 6 部影片每部底片付给 1500 美元，只要收到底片立即将全部款额付上。

沃尔特收到电报后兴奋极了。他忙坐上公共汽车到医院去告诉洛伊这个消息。他告诉洛伊，找到了进入卡通制作事业的机会，而且开始很顺利。但是，现在他需要洛伊的帮助。沃尔特请求洛伊和他一起创业。洛伊冷静地考虑了一下，问沃尔特，能否按期交出电影？能否获得利润？沃尔特对按期交片抱有信心。而且成本他也已算过，一部卡通片只要 750 美元就可以制作出来。洛伊同意和沃尔特一起创业。

洛伊费尽唇舌，使得罗勃叔叔同意借 500 美元给他们开展新事业。

1923 年 10 月 16 日，沃尔特和洛伊·迪士尼与温克勒小姐签了一份合约，温克小姐买断《爱丽丝》的发行权。影片的第一部已经在制作中了，片名由《爱丽丝海上故事》改为《爱丽丝海上之日》。沃尔特准备在两个月后交片，但是由于开始制作时涉及许多细节问题，可能会延迟一星期。

之后，沃尔特以一个月 10 美元的房租租了一家房地产公司的后院。他花 200 美元买了一架二手摄影机，并教会洛伊使用它。沃尔特又以每星期 15 美元的薪酬，雇用了两个女孩子，负责为影片上色的工作，而漫画制作的工作则由沃尔特自己负责。

第一部影片准时完成，圣诞节的第二天温克勒发来电报表示很满意，并附上一张汇票。收到的第一张汇票使得迪士尼兄弟非常兴奋。沃尔特立刻开始摄制第二部电影《爱丽丝非洲之猎》。

创办兄弟制片厂

1924 年 2 月，沃尔特第一次聘用了一位卡通画家，名为罗林·汉密尔顿，他们搬到了一家月租35美元的小店铺里，另加 7 美元又租下了车房。沃尔特把车房改成办公室，店铺的窗子上挂着"迪士尼兄弟制片厂"的牌子。

沃尔特把《爱丽丝非洲之猎》寄给温克勒小姐，并附了一封信。温克勒小姐回信说，这部影片虽然在声音和动作的时间配合上有了很大的改进，但仍然缺乏喜剧的味道。

沃尔特随后寄出了影片《爱丽丝鬼屋历险记》。温克勒小姐对《爱丽丝鬼屋历险记》很满意，她说："我认为这部卡通片的前景极为乐观……"温克勒小姐把全套影片卖给其他地方的发行人，其中包括新泽西州南部、宾夕法尼亚州东部、马里兰州和华盛顿在内的一些电影院。

每制作一部新喜剧，沃尔特都要花上更多的钱，因此利润越来越少，有的时候则根本没有利润可言。如果沃尔特能专心构思剧本，制片厂的业务进展会更快，但是他还要负责大部分的卡通绘制工作，这种工作需要细心而且非常辛苦，根本没有多余的时间编制剧本。沃尔特很了解自己，他善于编剧，尤其擅长加入幽默色彩，但是绘制卡通画的能力并不是第一流的。他决定再次请乌布·伊沃克斯加入自己的公司。

乌布不愿意离开堪萨斯市。他现在在一家基础稳固的电影广告公司工作，一个星期可以领到50美元的薪水。上次乌布由于加入了沃尔特的公司，结果失掉了1000美元的薪水。这是他不愿意加入的最主要原因。在沃尔特的一再努力下，乌布答应了。

乌布在制片厂的职位是艺术设计兼卡通制作人，周薪是40美元。为了支付乌布的薪水，迪士尼兄弟的资金就更紧张了，他们不得不搬出罗勃叔叔的家，合租了一间单人房间，并尽力节省饭钱。

6月下旬，乌布来了。他不但提高了爱丽丝喜剧绘制的质量，也加快了制作的速度，沃尔特也把全部时间用在设计幽默情节和剧情上面，不再绘制卡通了。制片厂的利润却没有增加，因为他们只能得到影片一半的酬劳。温克勒小姐嫁给了查尔斯·明茨以后就当起了家庭主妇，业务由明茨接管。明茨每次只付给影片的一半价钱，沃尔特与他的关系也不融洽。

沃尔特常常在给这位发行人的信中，表达出急需用钱的意思，而明茨则回信说他不能很快付款，因为他自己的公司也资金紧缺。明茨说他可以把《爱丽丝荷兰游》这部影片排在纽约的一家剧院演出，但剧院经理抱怨爱丽丝的样子太轻浮，动作跳动太大太多。沃尔特答复说这些情况都可以改进，但由于要把卡通和真人的动作重印在一起，轻微的跳动是不可避免的。明茨又一再要求更多的笑料，沃尔特回答说："我们会尽力使影片充满笑料，让整个影片的情节一个笑料接着一个笑料。"

当爱丽丝影片中的笑料增多了以后，观众和批评家对这些影片的喜爱也大为增加。

明茨于 1924 年 12 月同意为每部影片支付 1800 美元的价钱，并让沃尔特分得租给剧院放映的部分利润。至此，迪士尼兄弟制片厂终于得以立足。沃尔特又从堪萨市请来了卡曼和鲁道夫·艾辛这两位之前在欢乐卡通公司工作的老同事。

1925 年 4 月 11 日，洛伊和艾迪娜在罗勃叔叔家举行婚礼。沃尔特担任伴郎，伴娘是由制片厂的上色员莉莲·邦兹担任。莉莲出生在爱达荷州，她的父母是到加州来拓荒的。1923 年，她从刘易斯顿的商业学校毕业。莉莲十分漂亮，工作也很努力，她就住在制片厂附近，工资是一星期 15 美元。

沃尔特一直忙于工作，从来没有注意过莉莲。后来，为办理制片厂的事务而买了一辆福特汽车以后，沃尔特经常顺路送女孩们回家。这时，他和莉莲熟悉起来，并成为莉莲家的常客，经常留在她家吃饭。有时候沃尔特也带莉莲到好莱坞大道的茶室去坐坐。

沃尔特又买了一辆只有一个灯的二手汽车。这样，周末的时候，他和莉莲就开车到波姆那河岸和各城市去游玩。晚上，他们开车到哥伦德尔或好莱坞的戏院，观看其他公司的卡通影片，看完之后，沃尔特就研究那些片子的优点和缺点。沃尔特一直认为自己要等到25岁，有近万美元的积蓄后才结婚，但是现在他等不及了。不久后，沃尔特就向莉莲求婚了。

1925年7月13日，他们在莉莲的哥哥家举行了婚礼。随后，他们到华盛顿度蜜月。蜜月归来，他们在洛杉矶租了一套月租40美元、有小厨房的公寓。从那以后，只有工作很忙碌的时候，莉莲才到制片厂工作。

结婚更增加了压力，迪士尼兄弟下决心一定要把成立不久的事业经营好。洛伊继续负责财务，把每一笔账都记下来。

1925年7月6日，兄弟俩用400美元在赫伯龙大道2719号的地方买了一块地，准备建造一座更大的制片厂。罗勃叔叔以前借给他们的500美元已经还清，但是现在他们不得不求他再借给他们100美元。当制片厂的资金不足的时候，洛伊甚至把每月80美元的军队退休金也贴了进去。

制片厂的资金来源是明茨付给他们的影片报酬，这些钱现在由温克勒小姐的弟弟乔治·温克勒送来，但是往往要延迟许久才能送来。沃尔特向明茨表示不满，而明茨则认为爱丽丝影片集交付得太多太快了，资金周转不及时。

与发行人明茨的冲突使 23 岁的沃尔特学到了人生的重要一课，电影制作人除非自己有发行公司，否则就要看发行人的脸色。仅仅单纯成为一位有创造力的艺术家是不够的，要想在电影这一行求生存，必须足够强硬。

尽管明茨哭穷，他还是提出一个新约，要以 1500 美元买一部爱丽丝影集，并在他收满放映商 3000 美元租金以后，多余的租金与沃尔特平分。明茨给沃尔特的信如下："你或许难以接受这项合约，但在你下决心之前，我建议你仔细研究一下这封信，并和洛伊、你叔叔，或任何你愿意相谈的人好好讨论一下，不要匆忙就把事情决定了。"

1926 年 2 月 8 日，明茨接受了沃尔特用电报发来的最后建议。这份建议只不过是他们所讨论过的条款的修正条款，但是里面所含的条款却是迪士尼以后制片业务的基本原则。沃尔特同意"每一部电影都具有高级趣味"，但坚持"有关喜剧趣味的一切事项都由我来决定"。

他还说明"爱丽丝喜剧的内容或名称如果在电影之外，如玩具、新奇珍玩、报纸连环画等方式中加以利用时，同意由双方平分因此而得的利润"。在此合约中最重要的一条是沃尔特规定"除了在以前合约中你所购得的影片集的权利外，之后的爱丽丝喜剧所有的商标和版权都归我所有"。新合约签订的同时，他们也迁到了新制片厂。

幸运兔子奥斯华

新片厂位于离好莱坞大街东南方 3 英里处的海佩赖昂大街的一片空地上。那是一层白色灰泥建筑物，楼内除了沃尔特和洛伊的两间单独隔开的办公室，其余的空间都由卡通绘制员和上色员使用。沃尔特认为一个单独的人名具有票房吸引力，更易被人记住，于是把迪士尼兄弟制片厂改名为沃尔特·迪士尼制片厂。

1926 年年底，爱丽丝的时代要结束了。有关爱丽丝的喜剧已经出了两年，《爱丽丝》受欢迎的程度已经慢慢降低了。明茨亲自前往制片厂告诉沃尔特，电影院经理们对《爱丽丝》的一系列影片兴趣不大，他不得不取消合同，明茨的来访使沃尔特深感沮丧，他把自己关在办公室里一天一夜，拒绝与任何人谈话。

环球影片公司的创立人卡尔·莱姆勒曾经向明茨表示，要一套以一只兔子为明星的影片集。明茨太太向她丈夫建议，沃尔特·迪士尼可以制出这套影片集以代替爱丽丝。沃尔特对这套影片集极感兴趣，并用铅笔绘出一些兔子的草图寄给明茨。

环球影片公司对沃尔特所设计的图样很满意，于是迪士尼公司就获准制作这一套影片的第一部。1927 年 4 月初，沃尔特和他的工作人员在仓促之下设计了一个卡通形象——一只有多个子女、不堪重负的兔子，并出了第一集《可怜的爸爸》。影片上映后，纽约环球影片交易所评委会对此很不满意。沃尔特也不满意此片的剧情。

为了把这只兔子改成一个更招人喜爱的卡通人物，沃尔特和乌布每天都工作到深夜。随后，沃尔特进一步改进了这只兔子的外观。为了解决之前影片中不平稳的问题，他在摄影机上装上了马达，用机器来操作摄影。

不久，沃尔特终于对最终的兔子形象满意了。这只兔子变得温和而且更讨人喜欢，故事也更滑稽。沃尔特给这只兔子起名叫奥斯华，他希望这只兔子能给自己带来好运，因此把这一系列影片叫做《幸运兔子奥斯华》。

众多的报刊对奥斯华作出了很高的评价。观众们也就开始喜欢上了奥斯华影片集。与此同时，奥斯华影片集也吸引了一批特殊的观众——纽约市的卡通制作人。他们以前对爱丽丝喜剧的评价也不错，而奥斯华影片集所特有的创新幽默和流畅形式更叫他们折服。

由于奥斯华受到了广大观众的喜爱，越来越多的公司要求把这个角色用在商品上。迪士尼公司对这些画像的使用都没有收费，因为沃尔特认为，这样有助于为这套卡通片做宣传。

为了加快影片的生产速度，沃尔特聘请了更多的画家，这样就能每两个星期出品一部奥斯华影片。环球影片公司和明茨都非常满意，他们一接到新片，就马上送来2250美元的片酬支票。沃尔特和洛伊对前途充满了信心。

1928年2月，与环球影片公司关于幸运兔子奥斯华的合约到期。乌布建议沃尔特多注意制片厂内的情况，因为乔治·温克勒每次到制片厂来并不是单纯地取影片和海报，他多次秘密地和厂内的卡通绘制员谈话。沃尔特并没有把这些话记在心上。他和妻子一起高兴地坐火车到纽约去和明茨商谈新的合约，顺道再游玩一番。

明茨夫妇很热情地接待了沃尔特和莉莲，并请他们在亚士都饭店吃中饭。这时《电影日报》编辑杰克·阿里科来到他们桌上与明茨夫妇打招呼，明茨把他介绍给沃尔特。

有关奥斯华影片新合约的商谈一开始，沃尔特就提出由于影片的成功，片酬应由每部的2250美元提高到2500美元，但是明茨说："我只给你1800美元。"每部1800美元对迪士尼来说当然是赔本的。

沃尔特不明白，明茨为什么把价钱定这么低？"要不你就接受我出的价钱，要不我就把你的制片厂接管过来。我已经和你的重要工作人员签了合约。"明茨的这句话使沃尔特明白了他压低片酬的原因。

沃尔特无法相信他从堪萨斯市带来的员工会背叛他，因为他以兄弟之情对待他们。沃尔特告诉明茨他需要时间来考虑。然后他马上赶回旅馆，用电话把这个爆炸性消息告诉了洛伊。洛伊调查了一番，发现除了乌布·伊沃克斯之外，几乎所有的卡通画家都和明茨有了密约。

无奈之下，沃尔特一方面设法拖延明茨给他的期限，一方面找到阿里科做盟友。这位商业报纸的编辑安排沃尔特与福斯和米高梅公司的负责人晤谈，但这两家公司都表示没有兴趣发行奥斯华影片。这时候，明茨打出一张王牌：根据合约，奥斯华片集是环球影片公司的财产，而不是沃尔特的。沃尔特伤心透了，他所辛勤创造出来的有价值的东西却不归他所有。当他把这件事告诉莉莲时，他发誓说："我永远不会再为别人做事了。"

明茨又提出了另一项建议：他支付每部影片的制作费用，提供制片厂人员的薪水，但他将分享一半的利润。沃尔特最后一次到明茨的办公室去告诉他没有办法接受他的条件，明茨可以持有奥斯华影片。沃尔特没有表现出怨恨的态度。他知道今天能背叛自己的人，将来也会背叛他人。他提醒明茨小心，后来也确实如此，奥斯华影片集也从明茨手里被夺走。

伟大的卡通制作家

神奇的米老鼠

关于米老鼠是如何诞生的说法有多种。有一个故事是这样的：

沃尔特为了成为画家而到堪萨斯市找为报纸作画的工作，但被许多报社拒绝了，最后他找到一份为教堂作画的工作。工作报酬很低，他无力租用画室，只好借用一家废弃的车库作为临时的办公室。他每天都要工作到深夜，总能听到老鼠吱吱的叫声。

有一只小老鼠在沃尔特作画时，总是在他面前出现。起初，那只小老鼠并不敢接近沃尔特，沃尔特从来不去伤害它，还把自己的面包分些给它。慢慢地，那只小老鼠大胆地在沃尔特的画板上跳来跳去，它做着各种动作，像是在表演精彩的杂技。沃尔特是它唯一的观众。

不久，沃尔特离开堪萨斯城，被介绍到好莱坞去制作一部以动物为主的卡通片。他想起了堪萨斯城车库里那只爬到他画板上跳跃的老鼠，灵感就在那个暗夜里闪了一道耀眼的光芒。他迅速爬起来，支起画架，创作了那只为无数人喜爱的卡通老鼠形象。

按照沃尔特自己的说法，米老鼠是从奥斯华的形象中而来的。沃尔特和乌布一起把奥斯华的耳朵变圆，给短裤加上纽扣，给大脚穿上鞋子，双手戴上手套，再加上一条可爱的尾巴……这就成了沃尔特心目中理想的老鼠形象，莉莲把这只老鼠称为米奇。

沃尔特和乌布根据林德伯格单机飞越大西洋的故事，构思了一个故事大纲，然后乌布就锁上房门，着手绘制。如果有人敲门，他就把新绘制的图藏起，在桌子上放上奥斯华的图画。乌布以惊人的速度绘图。乌布绘制的这部新卡通片，名字叫《飞机迷》，讲述的是一只勇敢的老鼠制造了一架飞机，这部卡通就是米老鼠系列的第一部。这部影片的其他制作过程，在制片厂内是很难掩藏的，因为那些和明茨签约的漫画是还在制片厂，于是，沃尔特把他在利里克大道的停车间改成了临时绘制厂，由莉莲、艾迪娜等人做上色工作。到了夜里，沃尔特就把绘好的图案拿到制片厂去，由一位忠心的职员麦克拍摄下来。然后，赶在第二天早晨其他职员来以前，把有关《飞机迷》的东西都移走。

这部卡通片就这样完成了，并定于 1928 年 5 月 10 日在好莱坞一家豪华的电影院试演。试演虽然没有引起轰动，但反应也不错，沃尔特信心大增，立刻开始摄制米老鼠的第二部《骑快马的高卓人》。这时候，被明茨收买的绘画家已经离开了，再不需要煞费苦心地为拍摄的新影片保密了。

沃尔特最紧迫的任务是为米老鼠找到一位新的发行人。由于大公司都在纽约设有办事处，沃尔特认为把这套片子卖到纽约比较好，他就恳请一位纽约影片商帮助找一位发行人。

沃尔特·迪士尼

1927年10月6日，有声电影《爵士歌王》在纽约市华纳剧院首演，为电影带来革命性的转变，打破了无声电影的传统模式。沃尔特忽然想到，为卡通片配音也许是不错的办法。虽然前两部关于米奇的电影还没有找到买主，但是他决定把将要拍摄的第三部制成声音和动作配合的影片。

第三部影片的名字叫《威利号汽船》。沃尔特又遇到了难题，由于配音设备被一些大公司独占，他们不让独立制片人把无声电影转成有声电影，沃尔特没有实力和他们抗衡。最后，他和洛伊决定用剩下的钱，去纽约找配音装备。

沃尔特首先到堪萨斯市找到了老朋友风琴师斯托林，请他再帮一次忙。斯托林就按照乌布在影片上所做的节拍记号写了一首曲子。沃尔特带着影片和乐谱，满怀信心来到了纽约。在纽约，他发现声音革命给所有的电影公司带来了混乱，制片人都在急着寻找效果好而又便宜的录音设备。

沃尔特拜访了阿里科，阿里科向他推荐了一些录音专家。他们之中有人建议他把声音录在唱片上，但沃尔特认为，唱片容易遗失或损坏，而且如果放唱片的人放错了音槽，声音就不能和动作配合，反而会破坏效果。因此他坚持要把声音录在电影胶片上。

沃尔特到处寻找录音设备，大公司因为业务太忙，根本来不及注意他这位不起眼的卡通制作人。

令沃尔特印象最深的录音商是鲍尔斯，他拥有一组称为"电影声"的独立录音系统。鲍尔斯的要价是1000美元，并答应利用他的关系为影片安排一家发行公司。沃尔特并不了解鲍尔斯，他立刻同意与鲍尔斯进行合作。沃尔特后来才知道鲍尔斯给自己设下了骗局。

1928年的前几个月里，沃尔特与鲍尔斯一起在纽约鲍尔斯的制作室里为《威利号汽船》录音。他们配合使用斯托林新完成的乐谱，另外还增加了一些不同的声音效果，最后又由沃尔特亲自给米老鼠配上音调很高的吱吱叫声。

录音接近完成时，鲍尔斯安排沃尔特把这部卡通送到各个主要发行公司里去放演，沃尔特就亲自一家一家送去，但结果都是被拒绝。那些公司负责人常常为米老鼠滑稽的动作和其他笑点大笑起来，但是当沃尔特问他们觉得如何，要不要购买时，他们总是说："我们会打电话给你。"或者说："我们会和鲍尔斯联络。"最后没有一家公司愿意购买。

沃尔特感到和电影公司打交道是一种折磨。要想在这一行里有所作为，必须要有机智的头脑。因为那些人看起来很和善，其实却不然。沃尔特深信《威利号汽船》一定会轰动，却不了解为什么没有人抢着来购买米老鼠片集。后来演艺界老手哈瑞说出其中道理："没有大众的反应，那些家伙根本不知道什么是好的。"

哈瑞说："你就是带着你的影片跑遍全市，那些公司也不会买的。非要等到观众告诉他们这部影片好，他们才买。让我先放映两个星期，好让新闻界也看到。影片一定会得到好评，然后大家会涌到你面前购买你的片子。我一个星期给你500美元。"沃尔特立刻就接受了。从来没有人为只在一家戏院放演的一部卡通影片付这么多钱。沃尔特太需要这1000美元来周转资金了。

1928年11月18日，《威利号汽船》在侨民影剧院首演，轰动的情形正如沃尔特所梦想的那样。尽管它是作为由奥利夫·博登和杰克·皮克所主演的有声电影《打群架》的开场短片而放映的，但是观众离开戏院后却只谈论《威利号汽船》。《剧艺报》周刊和《电影放映者先驱》都评价说这部影片声音和动作配合得天衣无缝，还说影片才开始就引得观众大笑不止一直笑到结束。甚至连《纽约时报》也注意到了这部有声卡通。他们认为影片中有许多使人发笑的地方，片中各式各样的声音都增添了喜剧色彩。

哈瑞说得不错，许多电影公司打电话来了，邀请沃尔特去谈生意。沃尔特信心十足，他马上写信给斯托林，请他来纽约为《飞机迷》和《骑快马的高卓人》写乐谱。

沃尔特和每个前来商谈的电影公司的谈话内容都大同小异。他们询问沃尔特摄制《米老鼠》一个星期要多少钱。沃尔特最根本的原则是保持自己制片厂的独立性，他不愿意为任何一家公司制作。因此当电影公司的负责人提出要雇用他或者把米老鼠影片买断时，他毫不犹豫地拒绝了。沃尔特坚持必须拥有影片的所有权。

鲍尔斯也同意沃尔特的做法，他想给沃尔特的米老鼠做推销。他说会想出推销的好办法，赚比大公司所能给的还要多的钱。他还同意先替沃尔特把卡通影片的放映权卖到每一个州，自己负担推销员工资和其他一切的费用，他还答应借钱，先借给沃尔特摄制卡通影片的钱，并收取十分之一的毛利。

沃尔特答应了鲍尔斯的要求，并和斯托林把《飞机迷》《骑快马的高卓人》也配上了声音，然后带着一份新合约和2500美元的报酬。当洛伊看到合约条款中规定鲍尔斯要求在使用电影声装置的10年内要每年付给他2.6万美元时，非常生气，和沃尔特吵了起来。沃尔特解释道，这些设备都是必需的，钱是一定要支付的。

米老鼠声誉日增。到1929年，观众对米老鼠的喜爱已达到狂热态度。电影观众的口头禅是："什么！不演米老鼠？"

沃尔特对这种情况虽然高兴，但是心中还有着隐隐的不安。因为收入好固然可以把公司扩大、提高卡通的质量，但是会被迫一部接一部地拍摄短片，并且是以同一个主角。他已经有过爱丽丝和奥斯华的教训，知道一个卡通主角演久了就引不起观众的兴趣也就没有效益可言了。

沃尔特根据圣萨恩斯的古典作品《列神舞》的故事摄制了一部不同于《米老鼠》的卡通片，取名为《骷髅舞》。沃尔特回到制片厂之后，就和乌布研究出故事大纲——骨骼架从坟墓里飘浮出来，跳出骨头舞。

沃尔特计划用《骷髅舞》作为《傻瓜交响曲》系列的第一集来发行，之后的每一集都用不同的题目，并用不同的角色，以使他和他的工作人员尝试新题材和新技术，但是，当他把片子寄给鲍尔斯，要他放给可能的买主看时，鲍尔斯说："他们不要，只要米老鼠。"

沃尔特在著名的好莱坞卡瑟圆形剧院放映了《骷髅舞》，以了解观众的反应。影片放映时，观众们大声喊叫，情绪高涨。沃尔特被观众们的热烈反应震惊了。他们非常喜欢这部影片，以致该剧院的经理立即决定购买这部影片，准备正式放映。

这时，迪士尼公司外表看起来很富裕了，其实不然，因为沃尔特坚持要提高质量，以致每部卡通的成本高达5000美元。沃尔特期望从鲍尔斯那里得到的收入来支付成本及各项费用，但几个星期过去了支票还没有汇来。为此洛伊跑了一趟纽约，但仍没有解决问题，只对沃尔特说："那家伙是个骗子！"

沃尔特请了冈瑟·莱辛当法律顾问，他来自墨西哥。1930年1月，沃尔特、莉莲和莱辛去纽约找鲍尔斯谈判。先是沃尔特一个人去参加谈判。鲍尔斯说他只推销电影声，米老鼠的成功只不过是他的副产品，他对米老鼠影片并不重视。不过尽管如此，他还极希望在一年合约后续约。沃尔特提出，要谈续约，必须要先清理旧账。

鲍尔斯很有把握沃尔特会跟他续约，他给沃尔特看一封他的部下打来的电报，说乌布已经同意和鲍尔斯签约，为他摄制新卡通片集，鲍尔斯每个星期付给乌布300美元。沃尔特不相信与他一起辛苦创业的乌布也会背叛他。况且乌布将以薪水入股的方式，拥有公司的20%的股份。

沃尔特回到旅馆，立刻让洛伊去证实乌布是否要离职。虽然沃尔特还抱有一丝希望，但是事实确实如此。沃尔特不可能再和乌布一起工作了，难过之余，他请莱辛和乌布谈判，解除了乌布和迪士尼的合约，并把他的股份折合成近3000美元给了他。如果乌布当时不离开沃尔特的公司，那么他后来拥有的远远不止这些。

沃尔特不得不仔细研究公司的处境了。虽然每部影片的放映租金数额巨大——几乎每部1.7万美元，但是鲍尔斯总是列出许多必须扣除的款项：35%的佣金、冲洗费、处理费、广告费、检查费、热照税、保险费、音乐版权、录音费、冲洗版权税等，扣除之后，就所剩无几了。沃尔特和莱辛讨论了他们的下一步对策，决定要看鲍尔斯的账簿，但鲍尔斯说："你要看账簿的话，必须先和我签约。"并且威胁沃尔特，如果不签约，就去法院告他。但是打官司付出的代价太大，沃尔特最后决定和鲍尔斯分道扬镳。

沃尔特必须另找发行公司。和以前不同的是，现在每家大公司都积极地想成为沃尔特影片的发行人，但是因鲍尔斯放出消息，说谁要和沃尔特签约就去告谁，所以有一些公司不敢和沃尔特签约。

一家名为哥伦比亚的电影公司势力强大，对鲍尔斯的威胁毫不在意。这个公司的创立人是哈里·科恩，他的目标就是成为大制片人，很乐意与沃尔特合作。科恩以每部卡通 7000 美元先付款和沃尔特签约。鲍尔斯并不想打官司，他同意沃尔特付给他 5 万美元，他则放弃之前所制作的卡通影片的所有权。

沃尔特已经声名远播了。沃尔特希望从此以后，公司的发展能一帆风顺，不出现财务问题，但是却不能如他所愿，他为了提高影片的质量，只能把成本提高，债务就越来越多。

夜以继日的工作使得沃尔特神经处于崩溃的边缘。他的失眠症很严重，记忆力也严重减退。在医生的建议下，沃尔特和莉莲开始了旅行散心。

等到他们乘船沿西海岸的巴拿马运河回到洛杉矶时，沃尔特的精神状态已经完全恢复了。

回来工作之后，沃尔特一直遵照医嘱，定期运动，每天早起打高尔夫球，下午骑马。一星期去两三次好莱坞运动俱乐部打拳或是游泳。与此同时，沃尔特又为《米老鼠》和《傻瓜交响曲》设计了很多新情节。

米老鼠之所以受人欢迎，是因为它善良、乐观。他常身陷困境，不过最后总能化险为夷。1931年，"米老鼠俱乐部"会员已达100万，凡看过电影的人们，都知道米老鼠。人们对米老鼠的狂热，给沃尔特带来了财源。沃尔特在1929年下半年去纽约和鲍尔斯谈判的时候，第一次了解到把卡通角色的图像给人使用也可以得到一笔钱。他后来说："当时，有一个人到旅馆找我，拿出300美元，希望我们准许把米老鼠的图像印在写字桌上。洛伊和我那时总缺钱，因此我就收了那300美元。"后来这种需求越来越多。

米老鼠的成功使沃尔特的制片厂发生了巨变。工作场地的四周都进行了增建。1930年建了新的办公室，第二年又盖了一幢两层楼，沃尔特的办公室更漂亮了。制片厂内人员迅速增加，纽约许多资历深厚的卡通画家都加入沃尔特制片厂的阵容。

沃尔特更重视提高卡通制作的质量了。在卡通角色方面，除了米妮和米奇之外，笨狗布鲁图、母牛克娜贝也都成了有名的角色。

沃尔特还不到30岁，但进入卡通行业已有12年。他的工作人员有的在卡通行业中要比他资历更久，年龄更大，不过大家都非常尊敬他，以他为领袖。沃尔特也有知人善任的长处。在他的领导下，他的工作人员有的成为杰出的卡通画家，有的发挥了培训新人的专长。

迈向新台阶

在和哥伦比亚电影公司签约之后，厂内的情形也没有向好的方向转变，卡通影片的所有收入，哥伦比亚公司先扣除30%的佣金，再减去冲洗费、保险费、广告费以及其他费用，然后剩下的由两家公司平分，此外还扣除7000美元的先付款，所剩无几。哥伦比亚公司为沃尔特发行了两年卡通片，制片厂内所有的账目都是赤字。如果继续这样，卡通片的拍摄根本就进行不下去，沃尔特要求哥伦比亚电影公司把每部片子的预付款提高到1.5万美元，但是哥伦比亚电影公司不接受。

联艺公司的总经理申克得知了迪士尼兄弟的情形，不仅爽快地答应了每部预付款1.5万美元的要求，并要单独发行沃尔特的影片，申克利用和美国银行的关系，帮沃尔特贷款。联艺公司的股东有卓别林和其他一些知名人物。能有机会和他的偶像卓别林打交道，沃尔特感到非常荣幸。卓别林也是沃尔特卡通影片的一位热心观众。他告诉沃尔特："你要想有所发展,一定要有能力控制你的一切。"他还特别强调:"要保持独立，必须拥有所摄制的每部影片。"

在和联艺公司合作以后，沃尔特决定把他的卡通片变成彩色的。洛伊极力反对在影片中使用彩色的方法，因为这要花费更多的成本，但沃尔特坚持自己的做法。这个时候《傻瓜交响曲》中的一集《花与树》正摄制到一半。《花与树》是一部田园电影，其中的植物随着门德尔松和舒伯特的音乐而舞动。沃尔特下令将黑白画面和动作重新绘成彩色，但他发现彩色一干就会脱落，而且高炽灯光会使彩色褪色。于是沃尔特又和技术人员工作了一天一夜，才研究出不会脱落和褪色的彩漆。

1932 年 7 月，《花与树》的放映立刻造成轰动，于是沃尔特决定把《傻瓜交响曲》的片集摄成彩色的。

1932 年 11 月，沃尔特因制作《花与树》，获得了电影艺术科学院第一次为卡通片颁发的奥斯卡金像奖，同时，《米老鼠》获得了特别奖。沃尔特的成就得到了政府的承认。

沃尔特又开始寻找新的灵感。一天晚上，他在凌晨两点多醒来，走到床边的一张小桌旁，很潦草地写下"三只小猪"这四个字。《三只小猪》的创作灵感就是在沃尔特的梦中产生的。《三只小猪》的上映，使得沃尔特的卡通制作事业又向前跨了一大步。

沃尔特摄制影片的过程是先由他列出影片的大纲，交给工作人员研究，然后开会讨论。《三只小猪》寓言故事是：有三只小猪，它们分别住在草房子、木房子和石头房子里。

一只大灰狼很想吃掉它们。住在草房子和木房子里的小猪，逃到石头房子中而获救，最后狼却掉进住在石头房子里的小猪的锅里，被烫死了。

他非常细致地在艺术和制作上提出很多要求：这些小猪看上去都很聪敏，每只小猪都应有自己的个性，也各有令人喜欢的地方。配上可爱的声音，让它们用和声和合唱的形式进行谈话……建房子的时候可以制造许多玩闹打趣的插曲。所有的动作应配合节奏，在狼企图进入房子的时候，也可以制造许多笑料。小猪想攻击狼的时候，也应设计出一些滑稽的方式，可以使用他们家里不同的家具。小猪还应各自随身备有不同的乐器，以便结束的时候唱歌跳舞，应该强调工作最勤劳的小猪得到了报偿，通过故事鼓励人们重视道德，但要用深入浅出的方式，使故事具有深度……

《三只小猪》试演大受欢迎，沃尔特写信给在纽约的洛伊说："我们终于使角色表现出个性来了！"

《三只小猪》获得了空前的成功，全国影剧院的节目单都把它列在正片的前面。正片可以换，这部卡通片却长期不换。联艺公司要求再摄制出关于小猪的影片，沃尔特拒绝了，但洛伊同意，于是又制作出几部关于小猪的卡通片，但都赶不上《三只小猪》轰动。

1933年12月19日，沃尔特32岁时，莉莲为他生了第一个可爱的小女儿，名为戴安妮·玛丽·迪士尼。在此之前不久，他们搬进了一所带有游泳池的漂亮新房子。

沃尔特的工作人员已经由 6 人增加到 187 人。他雇用了
12 位剧本编写人、40 位卡通画家、45 位助理画家、30 位上
色员，和一支拥有 24 件乐器的乐队，另外还有摄影员、电
气技术员、音响员，以及其他技术人员。

虽然沃尔特制作厂的员工规模很庞大，但是流动率同样
很高。因为想要摄制卡通短片赚钱的人越来越多，有些制片
人特别喜欢挖走沃尔特培训好的员工，但是他们不明白最杰
出的是沃尔特自己。这时，美国经济的低迷还在持续中，沃
尔特找新人并不难。

1934 年，沃尔特把原来的迪士尼艺术夜校改为全天制
的学校，以培训员工达到他所要求的水准。沃尔特认为合
格的卡通画家的标准包括：一，画技好；二，对漫画、动作
及外貌特征的认识透彻；三，对演艺的认识和欣赏能力高；
四，能想出笑料，并能表达出来；五，对故事结构有一定的
认识；六，对工作所涉及的所有过程细节应有认识和了解。

沃尔特最早期的理想是成为一名卡通画家，但是他的画
技并没得到很大的进步。他和自己的卡通画家们相处时总保
持着一种微妙的关系。他斥责他们，怒骂他们，但他又极欣
赏他们对卡通艺术的贡献。

沃尔特对待有能力的卡通画家非常大方。有一位名叫诺
曼的卡通画家深得沃尔特的喜爱，因为他能抓住喜剧角色的
特点创造出受欢迎、历久不衰的卡通明星。他知道自己对沃
尔特的价值，要求一周 300 美元的报酬，沃尔特说："我也

只能赚这么多！"但他还是答应了诺曼的要求。

画家工作的时候沃尔特很少去打扰他们，但晚上常常去办公室查看他们的工作。有些画家下班的时候故意把认为最好的画放在桌上，希望沃尔特看到，但等到早上来办公室时，却发现沃尔特从纸篓里捡出来许多他们认为不好的图画，并把这些图画钉在画板上，上面还附上一张纸条："不要把好的画扔掉！"

制作卡通长片

经济不景气，电影院被迫一次放两部长片，放演短片的时间就很少了。尽管沃尔特的米老鼠，以及后来陆续得到观众喜爱的诚实笨拙的布鲁图、机灵的小精灵、唐老鸭等，也非常吸引观众，但要得到放演机会却很困难。与此同时，卡通片的制作成本也在不断地提高。

沃尔特是一位有前瞻眼光的制片人。他预料到有一天卡通长片会取代短片，事实果然如此。他手下那些年轻的画家们早已不满足于制作几分钟的只有喧闹场面的卡通短片，沃尔特也不满足于一再地把大家所熟悉的角色，按照固定的模式摄制。之前，沃尔特已经有意识地在迪士尼艺术学校做有关制作卡通长片的准备。

1934年，沃尔特认为制作卡通长片的时机到了。虽然洛伊和莉莲都反对他的想法，但是沃尔特依旧不改变自己的想法。他想起他在堪萨斯市送报纸的时候被请去看的无声影片《白雪公主》，决定把《白雪公主》制作成他的第一部卡通长片。

沃尔特选择《白雪公主》是有原因的，因为这个故事最适合摄制成卡通长片，它有着令人喜爱的英雄和公主，有邪恶的坏人，有富有同情心而且喜剧味很浓的七个小矮人，最重要的是这个童话故事可以深深地打动人心。

一天晚上，画家们吃过晚饭回到制片厂时，发现沃尔特正在等他们。沃尔特把他们带到录音室去，让大家在他面前围成一个半圆坐好。然后，他就开始按照角色出场顺序表演《白雪公主》的故事。当演到邪恶的皇后的时候，他眉毛上立即显露出凶相；当演到快乐的小矮人的时候，他脸上放出愉快的光彩，他整个人都投入到卡通角色中去了。他花了两个小时演出，最后当演到睡着的白雪公主被王子吻醒时，大家都热泪盈眶。沃尔特宣布："这就是我们将要摄制的第一部卡通长片。"沃尔特在编剧和艺术家中指定人选，组成小组，在与他相邻的一间办公室里工作。

1934 年下半年，沃尔特已经把原来的故事草拟成一个剧情大纲。白雪公主的外形是按照一位 14 岁的女孩的模样描绘的；王子则是以一位 18 岁的男孩作模特儿；皇后是贵妇和大灰狼的混合体，美丽而邪恶，调制毒药的时候就显露出她的丑恶嘴脸，她的言行俗气而夸大。每一个小矮人都有容易辨认而又讨人喜欢的特征。沃尔特发现要定出七个小矮人的形象是很困难的事，他只得按照他们的特点先定出名字来。

第一个小矮人是一个快乐、感情丰富的人。他喜欢说快乐的格言，讲话的时候下巴像脱臼似的，样子就显得笨笨的，他的名字叫快乐。第二个小矮人毫无心机，喜欢打瞌睡，老是拍打在鼻尖上的苍蝇，他的名字是瞌睡虫。第三个小矮人是他们中间的领袖和发言人。他有些自大，讲话文雅，样子显得很庄严，但有点言多于行，他的名字叫博士。第四个小矮人戴着帽子，因为他的头骨凸出，他常常面红，行动犹疑，局促不安，喜欢傻笑，他的名字是羞羞。第五个小矮人是个鲁莽、易兴奋、口齿不清又怕别人把他当傻瓜看待的年轻人，他被称为神经。第六个小矮人忧郁而心怀不满，悲观、憎恨女人，他是最后一个和白雪公主做朋友的人，他名叫怪人。沃尔特一时之间想不出第七个小矮人的名字，他设定这个小矮人是个聋子，却很注意听人说话，他快乐，动作迅速敏捷。

1935年，沃尔特再度发生精神崩溃的病症。因为他一直和白雪公主制作小组共同创作、工作，同时又要监督指导卡通短片制作，过于劳累。洛伊建议说："我们兄弟俩结婚十年了，莉莲和艾迪娜跟着我们受了不少的苦，我们带她们到欧洲去度假，怎么样？"于是，他们就到英国、法国、瑞士和意大利旅游。

沃尔特从国外回来后，他的体力恢复了，并带回来几本儿童书籍，里面有小人儿、蜜蜂和昆虫插图。他写了一张条子给他的工作人员，说："这些小动物很有趣，我正在想如何把它们融入卡通故事里去。"

在这次旅行中，沃尔特了解到要想把卡通影片推广到国外去，影片中的对话越少越好，但他又说："不能因为这样而牺牲了有对话的好故事。"沃尔特认为以前的迪士尼卡通里的人物都过度卡通化了，现在必须要绘得真实一点，以树立大众能接受的白雪公主和王子的形象。他在《傻瓜交响曲》中的《春之女神》里，尝试把春之女神画成一个真实的女孩子，以作为白雪公主的雏形，但效果不好，于是他找了一位年轻的舞蹈家马乔里·贝尔彻来，拍摄她走路、转身的姿态，让卡通画家寻找灵感。

沃尔特又用"多平面摄影"的办法解决了卡通的平板问题。平面的卡通技术只能在 8 分钟以内的短片中运用，而 80 分钟的长片就只能用新的技术，也就是用摄影机的焦点穿过多层的画面，以产生同拍摄真人电影一样的效果。沃尔特尝试用这种技术拍制了《老磨坊》，极为成功，获得了影评界的赞扬，并为此获得了一座金像奖。

《白雪公主》的工作小组继续研究故事里的角色和故事，神经的名字被改为喷嚏，而那个还没有命名的第七名小矮人变为不够聪明的哑巴，并命名为笨瓜。

沃尔特因为小时候曾学过小提琴，但是没有多少天赋，以后也没有再接触音乐。不过，他却具有挑选出大众所喜欢的音乐的本领，开始为白雪公主写的音乐，是模仿当时好莱坞的模式，每隔一定的时间就唱歌，沃尔特不喜欢这样，他认为应该视剧情的需要而唱。沃尔特也很注重歌声的选择。当时有一位著名女歌手戴安娜，歌声如银铃，但沃尔特却认为她的声音太成熟了，不合适，后来选择了18岁的艾瑞娜来为白雪公主配音。

1936年，沃尔特集中了所有杰出的人才来摄制《白雪公主》，他亲自监督和指导每一阶段的工作，征求大家的意见，并参加观看试片。《白雪公主》的制作费用超出了原计划的3倍，花了将近200万美元。很多人都认为这部片子一定会使沃尔特破产，称此举为"迪士尼蠢事"，联艺公司对这部卡通长片也不感兴趣。

美国最大的电影院——无线电城音乐厅的经理凡·舒莫斯对这部影片却很有信心。他是付出最高的租金来租放《米老鼠》和《傻瓜交响曲》系列的人。每次到好莱坞时，他一定会去迪士尼制片厂。当他看过《白雪公主》试演后，说："这一定会成功，我的音乐厅一定要放演。"

迪士尼和联艺公司的合约在《白雪公主》快完成的时候到期了，联艺公司坚持要享有把卡通影片租给电视放演的权利，沃尔特不答应。

1937年12月21日，《白雪公主》在好莱坞的卡塞剧院正式上映，获得了很大的成功。好莱坞的大人物都到场了，他们走出豪华的轿车接受广播电台的访问，大赞沃尔特。在

沃尔特和米老鼠

戏院里，大家都为笨瓜的滑稽动作而大笑不已，为白雪公主的"死"而哭泣。影片结束的时候，全体观众都站了起来，大家互相欢呼致意。《白雪公主》在80分钟里完全显示了它的娱乐价值。影评界一致称赞，观众也非常喜爱。"迪士尼蠢事"最后获得了那样的成功，好像做梦一样。

《白雪公主》在三个星期内打破了所有票房纪录。七个小矮人，尤其是笨瓜，立刻成为大众喜爱的偶像。电影中的歌曲，尤其是《嘿嗬，我们上工去》和《工作中吹口哨》，更是每家电台都在播放。

《白雪公主》发行6个月就帮助沃尔特还清了债务，第一次发行就能赚800万美元是极为难得的，因为当时电影票价平均为25美分。沃尔特十分高兴，当他的财务状况好转的时候，他也和大家一起分红。《白雪公主》成功后，沃尔特给工作人员的工资数目十分惊人。

《白雪公主》使沃尔特获得了特别奖——被授予一个大金像和七个小金像，以此来表彰这部影片"在电影艺术方面的重要创新，它为动画故事片开辟了一个令人着迷的伟大的新领域"。

沃尔特已经成为一个成功的制片人，但他很少和好莱坞的人打交道。有时候，他和莉莲到制片厂去和同事以及他们的太太打羽毛球；有时候，他们就请亲戚和制片厂朋友在家里举行宴会。

　　1938年1月，是弗罗拉和伊利亚斯的金婚纪念日，这是迪士尼家的大日子。迪士尼家的所有人都前来为他们庆祝。沃尔特和洛伊花了8000美元在靠近洛伊住的地方给他们买了一幢崭新的房子，好不容易才把伊利亚斯和弗罗拉从他们波特兰的小公寓里接来。

　　1938年11月26日，老迪士尼夫妇搬到新房子后不到一个月时，不幸的事发生了，弗罗拉因炉子漏气窒息而死。沃尔特为此难过不已，因为母亲是死在他和洛伊为他们买的房子里的。

　　《白雪公主》的成功指明了沃尔特应走的方向。虽然短片仍然继续摄制，但长片却成为创作动力的中心。沃尔特继续扩大公司，吸收更多的艺术家，希望有一天能够同时摄制几部卡通长片。制片厂在继续扩建，甚至延伸到了对街。他和洛伊又以10万美元买了一块51英亩的地，这块地位于博班克好景街，准备建一座新的制片厂，他们继续吸收更多的艺术家，希望将来能够同时摄制几部卡通长片。

　　接下来是《木偶奇遇记》。这是1880年科洛迪所写的一个以木偶和歹徒为题材的故事。这个故事看起来很适合摄制成卡通影片，沃尔特企图把它摄制得比《白雪公主》还要好。

这个故事虽然缺少了《白雪公主》里面的许多吸引人的角色，但是有许多冒险的情节。木偶本身却是一个令人头疼的问题，因为他的动作必须简单、呆板、面无表情，不能像正常小孩子那样灵活掌握。

影片摄制了6个月后，沃尔特不得不暂停了影片的摄制，另外找了一位年轻的设计者——卡通画家瓦特·金巴。瓦特把木偶修改得更接近真实的男孩子，又把他的长条脸型改得比较圆一点，然后才重新开始摄制。

第二部是《幻想曲》。由于米老鼠的原因，沃尔特才决定摄制《幻想曲》。米老鼠的声音是沃尔特配的，他对米老鼠有特殊的感情，因此不愿看到米老鼠的没落，然而米老鼠影片已经连续放映许多年了，一个真实的人物也很少会享誉这么长时间。

《幻想曲》的摄制工作花了三年时间才完成，最后的部分还是经过不断修改直到这部影片首映前两天才拍好的。1940年11月13日，《幻想曲》在纽约的科洛尼电影院首次公开放映，引起了巨大的轰动。

第三部是《小鹿班比》。这个故事描写了一只小鹿在森林中长大的经历，它和其他的卡通不同，它比《白雪公主》和《木偶奇遇记》要严肃，而且角色全是动物。这个故事很适合于摄制卡通长片，也只有利用卡通，才能把这个故事完美地表现出来。

沃尔特派了摄影师到美国东北部的森林去拍了几千尺长

的影片，拍摄了那里的雪景、暴风雨、蜘蛛网，以及光线和季节的变化，让画家们参考、观看，以便寻找灵感，他还请来了著名的动物画家专门为他的卡通画家讲述动物的性情和动作。政府部门送了两只活泼的小鹿给迪士尼制片厂，制片厂就把它们的成长情形画下来、拍下来。有人还送来了兔子、鸭子、臭鼬鼠、猫头鹰以及其他动物，顿时，制片厂成了一个小动物园。由于画小鹿身上的斑点很费时间，尽管沃尔特不断地催着大家赶制，《小鹿班比》就是跟不上进度，他只好选了一个小组，专门摄制《小鹿班比》。

制片厂容纳不下同时摄三部长片和定期发行短片的工作团队了，因此，《小鹿班比》小组搬到一处租来的地方，而剧本研究编写组、宣传组、工程组、漫画组以及训练组则搬到了另一个地方。沃尔特很希望博班克的片厂能够尽早建成。过去10年，画家们在旧制片厂挤在一起工作，光线也不好，还要忍受夏天的炎热和冬天的寒冷，很多东西都是临时凑合着用的。沃尔特决心把新制片厂弄得更好，使工作人员舒服些，因此参与了博班克制片厂每一阶段的施工计划、内部设计以及家具的选择等工作。

新片场的中心是卡通大楼，剧本编写组、导演、起稿人、卡通画家等都在这幢大楼里。就像工厂里的流水生产线一样，在这幢大楼里，一个阶段的工作完成以后，就可以顺利地进入下一个阶段。卡通绘制工作完成以后，就从地道里送到上色大楼，然后是摄影大楼和剪接大楼。制片厂里还有三个录音室，一个录制音乐，一个录制对话，一个录制音响效果，里面还有戏院、试验影片冲洗的试验室以及饭厅。为了减轻伊利亚斯对弗罗拉的哀思，沃尔特和洛伊请他们的父亲来监督木工部分，希望能用工作来冲淡一切。

1939 年 8 月，公司的一些部门开始搬进博班克制片厂，到那年圣诞节的前一天，整个公司的大部分都搬进去了，但还有些部门要等到第二年的春天才能搬完。沃尔特的办公室在卡通大楼第三层楼的东北角，里面还专门设有一个可以睡觉的房间，以便他晚上工作的时候休息。

其他制片厂各办公室的门都是紧闭着的，唯有迪士尼制片厂各办公室的门是敞开着的。各办公室的人互相起身走动也不禁止。沃尔特几乎没有开除过员工。如果他注意到某个员工工作不认真，他就把这个人调往不重要的工作部门，不久这个人就会自己辞职了。

卡通影片的制作需要许多有创意的人合作。沃尔特要求大家献身于工作，却不希望他们有出风头的意向。沃尔特并不记恨曾经背离他的人，有许多人要回来他都表示欢迎。乌布离开后，在好莱坞另成立了一家制片厂，制出来的影片还不错，但他真正的兴趣是在绘制卡通的技术方面，十年后，他又回来继续他对技术方面的研究。虽然沃尔特和乌布都不愿意主动示好，但他们心里面仍互相关爱。

沃尔特从不喜欢把自己的生活公开。虽然在必要的公共场合他都出席，但并不喜欢成为瞩目的焦点。沃尔特很尊重自己的妻子，他早就认识到她是一位温柔而不喜欢多言的女人，但也不会盲目地支持他。在许多方面，莉莲都给了他必要的支持和鼓励。沃尔特很少外出用餐，他不愿浪费时间到外面去吃饭。他喜欢穿颜色式样醒目的运动外套，里面穿上灰色或蓝色的棉毛衫。他也极喜欢戴帽子。

沃尔特虽然不上教堂，但他自认是信教的人。他尊敬所有的宗教，但不认为应该把宗教和娱乐混在一起。他从来没有摄制过一部宗教影片。沃尔特和莉莲送两个女儿上教会学校，但是从不把他们的宗教观念加在她们身上。她们要信什么宗教全由自己的爱好。

好莱坞著名人物都请人照顾子女，但沃尔特和莉莲却亲自照顾她们。女儿去上学、去学舞蹈，都是沃尔特自己接送。沃尔特虽然不愿溺爱他的女儿，但总喜欢为她们买东西。他喜欢父亲这个角色，花了许多时间教女儿游泳，还教她们骑马。他对女儿也很严厉，不容她们有无礼的举动，如有这些行为，就会立刻受到处罚。

沃尔特在家也常发脾气，莉莲和两个女儿都谨慎地不惹他生气。他的脾气去得也快，事后总懊悔不已。

由于发生过飞行英雄林德伯格的儿子被人绑架撕票的事，沃尔特也采取戒备措施，不让他女儿以及女儿的照片曝光。戴安妮到6岁上学的时候才知道自己的爸爸是鼎鼎大名的沃尔特·迪士尼。

遭遇经济危机

　　1939 年第二次世界大战爆发了。世界经济处于崩溃的边缘，许多著名的公司纷纷倒闭。沃尔特的制片厂飞速壮大的声势也被战争浇灭了。德国、意大利、奥地利、波兰和捷克不再购买沃尔特的影片了，英国和法国也减少了购买的数目，而公司的收入近一半是来自国外。国内市场也有所改变。由于欧洲在打仗，美国的青年纷纷入伍，没有人把注意力放在卡通电影上了。

　　1940 年的一天，洛伊叫沃尔特到他的办公室见他，凡有这种情形，就表示有大麻烦了。沃尔特到了洛伊的办公室，洛伊向他分析了一年来公司赔本的状况，然后告诉沃尔特，他们欠了银行 450 万！这个消息让沃尔特大笑起来，他原本以为是什么更坏的消息呢。沃尔特用愉快乐观的声音告诉洛伊，当初他们创业的时候连 1000 美元都难以筹集，现在竟然能欠银行几百万，不是证明现在发展得很不错。沃尔特想到了一个解决这个问题的办法，就是发行股票。股票的发行，使沃尔特获得了 350 万美元的资本，财务问题暂时获得了解决。

20世纪30年代末期，全美国各行业都不同程度地受到了组织工会问题的纷扰，好莱坞电影制片厂也不例外。罗斯福新政使工人和全国劳工关系理事会联合了起来。这时候，美国刚度过了经济不景气的大恐慌，工人都在寻求更多的工作保障。当时，电影界的大亨们对工作人员都是随意处置的，想开除就开除，电影工作人员对这样的作风很不满，因此除了卡通画家外，其他的工作人员都纷纷组织了工会，并开始想办法把卡通画家也组织起来。

沃尔特虽然用发行股票的办法暂时解决了财政问题，但是新的问题接踵而来。这时，沃尔特的制片厂已经有一千多人，以前大家在狭小而拥挤的制片厂时接触比较多，但现在在宽松的博班克制片厂却都生疏了。沃尔特在以前人少的时候，可以顾及每个人，现在不行了。因此，有些人觉得被忽视了，有些人则感觉工资太低。关于裁员的谣言流传开来，公司有部分人就认为唯一的保障方式就是组织工会。

这时候有两个工会想把制片厂的卡通画家组织起来，它们是"电影卡通画联合会"及"电影卡通画家协会"。协会的领导人是赫伯特·索罗尔，他是一个强悍的左派人士，善于策划罢工和打官司，他给好莱坞带来了极大的骚动。

一天，索罗尔告诉沃尔特，迪士尼公司大部分的卡通画家都已经参加了他的协会，索罗尔威胁他签一份合同，否则就发动罢工。

1941 年 2 月，沃尔特召集他的工作人员开了一次会，他决定直接把这件事公开。

沃尔特大概地说明了公司在《白雪公主》出品以后的迅速发展，新制片厂的兴建；因战争而使国外市场消失，以及因此而带来的财务问题。接着，他否认了新制片厂里存在着阶级差别，并指出公司里流传着的谣言是不真实的。当时有一种谣言说公司正在训练女孩子，准备用她们来取代工资高的男性画家。沃尔特说公司培训这些女孩子，只是为了使她们具有更多的才能，可以具有与男性平等的机会，另一方面，也是为了应对将来男性工作人员被征去当兵而出现的空缺。他继续说下去，指出由于公司里的人员太多，他没有办法照顾到每一个人。他诚恳地说："我的天性是民主的，我要和大家打成一片，而我也确实是这样做的。"

最后，他说出了制片厂沉重的财务负担，其中每个星期要用 7 万美元来支付员工的工资，此外还要给予员工的许多福利，如假日、休假、病假等，每个星期的维持费达到 9 万美元，但他说："卡通影片的前途极好。我要继续干下去。"然后，他引述了他给员工的公开信作为结尾："本公司承认员工有权组织以及参加他们所选择的任何劳工组织。不过，法律明文规定员工不得在工作的公司范围之内，占用在公司工作的时间去参加这些活动，以避免妨碍生产。"沃尔特在员工面前的自我剖白，表明他已觉得情况非常严峻。因为他从前很少作这样的坦白，以后也没有。

沃尔特诚挚的解说并没有得到很好的效果。索罗尔已经组织起了电影卡通画家协会，并发动他们出来罢工了。1941年5月29日，一队"罢工工人纠察队"站在制片厂门口，阻止员工上班。在300名罢工人员中，有很多确实是相信工会组织的原则的，有些则因害怕公司有所变动，认为工会是最佳的保障而参加的，有些则只是一些偏激分子，为罢工而罢工，根本不计较罢工所引起的后果。

　　沃尔特发现这件事以后十分惊讶，索罗尔宣称已获得大部分迪士尼的卡通画家的支持，但实际上超过一半的人还在继续工作。罢工延续了几天，但其他工会的人没有理会纠察队的阻止，继续上班。于是，索罗尔又在天然色公司制造罢工，使得沃尔特的影片无法在天然色公司冲印影片。最后，沃尔特被迫坐在会议室里，听他自己的员工开出工作条件，他认为这是一件十分痛苦的事情。

　　无奈之下，沃尔特接受了由惠特勒提议的到南美洲做亲善访问和制片工作的建议，远离罢工事件。惠特勒是美洲内部事务协调人洛克菲勒下属的电影部主任。沃尔特的南美之行带着某种政治色彩，美国政府让沃尔特到南美访问是为了体现美国文化艺术的一面，使美国的"睦邻政策"再推进一步。

　　由于罢工一直拖到1941年的夏天仍未解决，沃尔特就同意了南美之行。沃尔特一共选了15个工作人员，另外还有他和另外一个随行人员的太太。1941年8月17日，沃尔特一行17个人从洛杉矶乘飞机出发。

沃尔特和卡通成员们

到南美的第一站是在亚马逊河口的贝伦。他们在那里参观了动物园，住了一晚上，然后就到了巴西的里约热内卢，并展开了工作。在一家豪华旅馆里，巴西总统招待了沃尔特一行。

在阿根廷和巴西，当地人都十分喜爱米老鼠和唐老鸭，他们都把沃尔特看作是名人，他走到哪儿，人们就跟到哪儿。沃尔特被邀请出席各式各样的宴会。

沃尔特一行在阿根廷停留了 1 个月，然后坐飞机越过安第斯山脉到达智利，在那儿待了 1 个星期。然后，他们坐船返回美国，留下了 3 个人继续到玻利维亚、秘鲁和墨西哥访问。船在哥伦比亚的一个小镇停了下来，沃尔特乘着汽船逆河而上，航行了 30 英里后，进入了经常下着大雨的热带森林。许多人认为沃尔特就是在这次旅行中获得了灵感，15 年后，沃尔特在迪士尼乐园建起了"热带森林巡航"。

沃尔特一行通过巴拿马运河回到了纽约，正好赶上《小飞象》首演。伊利亚斯则在他们访问南美期间去世了，沃尔特听到这个消息后，对同行的人说："如果洛伊和我早一点成功就好了，那我的父母就可以多享一点福了。"

南美之行极为成功。南美人过去所见到的美国人只是会发表演说的政客和外交人士，沃尔特一行去了以后，他们才认识到美国也有年轻、富有创意、和他们一样的人。根据南美之行所摄制出来的两部卡通影片《可敬的朋友》和《三骑士》也获得很大的成功，在南北美洲都受到广泛欢迎。沃尔特后来谈到这次南美之行时说："政府没有损失一分钱——我们付了我们自己的旅费和制片费用。"

沃尔特从南美洲回来的时候，罢工问题已经解决了，但解决得很糟糕。他们所接受的解决办法引起了更多的问题，尤其是因生产不佳而必须裁员的时候，情况变得更坏。这次的罢工对沃尔特产生了很大的影响，他变得更加保守。他原来的希望是把他的制片厂变成工作人员的天堂，看来似乎要幻灭了。

1941 年 12 月，沃尔特正在为日本偷袭珍珠港的消息震惊不已。这时他接到制片厂经理打来的电话，警察通知说陆军要进驻制片厂。很快地，制片厂进驻了 500 名陆军部队，录音室的影片装备被奉命搬走，代之以修理车辆和高射炮的设备，300 万发炮弹堆放在停车棚里。为了给宪兵们让出宿舍，画家们只好挤在几个办公室工作；甚至连沃尔特和洛伊出入都要由遍布工作大楼的宪兵检查证件。日本人进攻的警报解除之后，在制片厂住了 8 个月的高射炮部队才撤走，但又住进了其他军事人员。

沃尔特对这场战争早有准备，他看准机会开始训练影片的摄制。沃尔特请洛克希德飞机公司一个有才能的设计工程人员裴朋，在业余时间协助他拍摄了《完美铆接的四种方法》这一影片。影片拍得相当不错。洛克希德公司用此片作为教材，训练新人。加拿大政府也很感兴趣，为了推销战时储蓄券，他们特意请沃尔特摄制了4部短片帮助他们推销。此外，沃尔特还拍了一个教新兵如何使用高射炮的影片。

沃尔特为美国海军摄制了20部有关飞机识别的短片和一部《航空母舰飞机降落讯号》，还有农业部的《粮食为制胜武器》和陆军的《飞机识别方法》。另外，还摄制了两部反纳粹的影片和一部倡导注射预防针的影片。影片订单极大，沃尔特不得不改变制片方针。

与此同时，制片厂的工作人员被征去当兵，这使得本不景气的卡通影片市场情况更糟。沃尔特不得不停止了《柳条间的风儿》的摄制，也终止了《爱丽丝梦游仙境》《小飞侠》两部长片的准备工作，只有《小鹿班比》的摄制工作还在缓慢进行着。

沃尔特在1942年读了《空权制胜》后，他觉得十分不错，就通过一些渠道联系上了作者德塞维尔斯基。德塞维尔斯基同意了沃尔特要把《空权制胜》拍成影片的想法，他与沃尔特建立了友谊。1942年7月德塞维尔斯基协助《小鹿班比》剧组工作人员拍摄此片，但是这部影片完成后，仍旧是亏本发行的。

1942年8月发行的《小鹿班比》，是用了5年时间才完成的，在国外卖了 219 万，在国内只卖了 120 万。1943 年 2 月，以 30 万成本制成的《可敬的朋友》发行了，在美国卖了 50 万，在南美卖了 70 万，这是唯一一部盈利的影片。

一天，美国银行驻洛杉矶的代表打电话通知沃尔特，要他和洛伊到旧金山出席美国银行董事会，答复有关他们贷款的问题。沃尔特的制片厂仍旧欠下银行 400 万左右的贷款。沃尔特和洛伊心情非常沉重，他们认为这次可能会走向破产了。到了董事会，沃尔特看到 12 位神情严肃的董事坐在那里，他们在等候美国银行的董事长和创始人。出人意料的是，这位董事长十分关注沃尔特制作的卡通影片，他认为这些影片大有前途，现在只是暂时受战争的影响，因此他愿意给沃尔特时间。沃尔特和洛伊大喜过望，他们再次渡过了难关。

扭转厄境

在第二次世界大战中，许多影片公司都得到了发财的机会，但是沃尔特的财政危机越来越严重。洛伊说："第二次世界大战结束以后，我们就好像是从冬眠中出来的熊，瘦得骨头上连一点肥油都没有。"沃尔特为政府工作了 4 年，他与观众的口味脱了节，而且也掌握不住发展方向。

卡通画家们纷纷从战场上回来，沃尔特要重组公司，还要鼓舞员工们的情绪，但是却缺乏像《白雪公主》那种具有挑战性的题材。国内收入很少,《木偶奇遇记》《幻想曲》《小鹿班比》和《小飞象》虽然在欧洲上演,但欧洲因为战后贫乏,不让资金外流。

沃尔特想继续摄制战前就已计划的《小飞侠》或《爱丽丝梦游仙境》,但美国银行不断加压,让他节约制作成本,洛伊也不同意这样做,为此两人还吵了一架。沃尔特放弃了自己的做法,他不用古典音乐,而配用流行音乐,拍了许多音乐短片。

为了解决成本过高的问题,沃尔特只好在本来要拍成卡通长片的《南方之歌》中安插了真人。正是由于这个转变,沃尔特又找到了一个新的发展方向,《南方之歌》成了转折性的影片。"只有影片项目多重化才可以自救,我认识到不能坚持只拍卡通影片,所以才转向真人电影的摄制。"沃尔特说。

沃尔特和工作人员们一起克服了技术上的重重困难,摄制了有70%真人戏、30%卡通的《南方之歌》。这部片子成本为212.5万美元,而利润只有22.6万美元,但在亚特兰大城首映时,其轰动不亚于《乱世佳人》。主角赢得了特别奖,其中的主题歌获得1964年奥斯卡金像奖。

有一次,沃尔特突然想到:战时有士兵驻在阿拉斯加,战后他们又定居在那儿,这块唯一没有开发的地方,正是拍摄的好地方。沃尔特的一次飞行经历,更加深了他对阿拉斯加的感情。

1947 年 8 月，沃尔特应朋友之邀带着小女儿休伦去阿拉斯加旅行。肯特尔是他们的最后一站，那儿是爱斯基摩人的村庄。飞机起飞不久，无线电就失去联系，天气不好，云层很密，飞行员找不到飞机场。就这样，只需半小时的飞行，可过了两小时后他们还在云层上转圈。飞机燃料快没有了，无可奈何的他们只好决定降落，着陆地正好是肯特尔。激动万分的沃尔特后来说，自己也分不清是跌下去还是趴下去亲吻那片土地的，太险了。从此，阿拉斯加那一望无垠的森林、晶莹的冰河、险峻的山峰，尤其是海豹有趣的生活大大地吸引了沃尔特。

　　沃尔特认为，米罗特夫妇花了两个季度在普利比洛夫群岛拍摄的海豹生活将会有很高的票房价值。沃尔特一直在酝酿那些有关阿拉斯加的影片，他对沙甫斯汀说："我们可剪辑出一部关于海豹生活的影片。"

　　沃尔特把这部剪辑成的影片命名为《海豹岛》，全长 27 分钟。瑞柯公司嫌这部影片放映时间短而不愿推销。沃尔特就采取以前推销《威利号汽船》和《骷髅舞》的办法，将这部影片直接放映给观众观看。帕萨迪斯纳市市皇冠戏院上演了《海豹岛》和另一部长影片。结果证实，观众们非常中意《海豹岛》。瑞柯见观众的喜爱《海豹岛》后，同意推销这部影片，他们发现这种半小时的影片也可以赚钱。《海豹岛》后来获得了奥斯卡金像奖的最佳短片。

　　《悠情伴我心》是沃尔特设计的第一部非卡通长片。由于瑞柯公司的反对，他们只好又加上了卡通内容。迪士尼公司也没有赚到钱。整个电影业受到电视的冲击，使得迪士尼公司的银行债务又增加了。沃尔特不得不采取经济措施，发出信件给工作人员，要求"对每一块钱都要珍惜使用。"接着，他又把每个员工的薪水减去百分之四，并制定了新的工作制度，要求订立制片计划并遵照实行；预算不得超支；事先准备要完善，以减少临时改变；继续努力推销影片；各部门应严格管理，以减少不必要的花费。

沃尔特很清楚只用节约的方法是解决不了问题的，唯有制出好的影片才能解除危机，但是拍摄哪一部影片能够带来效益是一个大问题。沃尔特觉得还是要恢复摄制卡通长片。有三部长片已经研究了好几年——《小飞侠》《爱丽丝梦游仙境》和《仙履奇缘》。沃尔特对前两部没有把握，他认为只有《仙履奇缘》才具有《白雪公主》的特质，因此决定先摄制《仙履奇缘》。

沃尔特和瑞柯公司在英国赚了好几百万，但那些钱不能从英国汇出来，只能在英国使用。这使得沃尔特得到一次拍摄完全真人表演的影片。原本，沃尔特是决定在英国摄制卡通影片，但是英国没有有经验的工作人员，要么重新培训，要么从美国调来员工。沃尔特决定摄制真人电影《金银岛》。在摄制《金银岛》期间，沃尔特把全家人都接去了英国，同时他也迷上了摄制真人电影。

1950年，沃尔特的运气好转了。《仙履奇缘》极受欢迎，

《金银岛》也很不错,继《海豹岛》之后的《水獭村》反映更好,赚了不少钱。到这年年底,只剩下170万美元的银行贷款了。沃尔特虽然对《爱丽丝梦游仙境》没有信心,但还是摄制了,结果赔了100万,《小飞侠》也继之而出。

1951年夏天,沃尔特在美国摄制第二部真人电影《罗宾汉》。电视公司要求沃尔特制作电视节目,想要往电视界发展的沃尔特答应了这一请求。1950年他同意为国家广播公司制作一个圣诞特别节目。这个节目的收视率很高,沃尔特认识到了电视的价值,也看到了电视事业的发展前途,他又开始教育影片的摄制。

制片工作非常繁忙,沃尔特就从制作他喜爱的小型火车中解除疲劳。他细长的手指极适合做那些小东西,而且做得很好。他到欧洲也收集了许多可爱的动物玩具。他尤其喜欢其中一只会唱歌的小鸟。他把这只小鸟带到公司,交给一位技术人员,要他拆开来看是怎样会唱歌的,结果发现里面是用发条操作的。

沃尔特每天例行的工作是在8点参加会议,然后到各办公室看看。他喜欢利用中午的时间与记者谈话。他通常先述说他上午所忙的事情,然后谈他的许多计划,偶尔也回答一些问题。下午他再参加一些会议,到工厂去看各种工作的进度,5点钟去运动,喝一杯威士忌。

公司的护士为沃尔特热敷和按摩他早期受伤的颈部。这时候沃尔特已经得到了哈佛、耶鲁以及加州等大学的荣誉学位。他对护士说："我愿意以我所有的荣誉学位换你的一个真正的学位。"护士说："那会毁了你，你的工作就不会再有创意和自然淳朴的味道了。"他和护士的谈话有时候变得很具有哲学味道。

沃尔特已经做了 25 年的卡通影片制片人。他表现出超群的才华，摄制各类出色的影片。这些影片中运用了他在卡通片中积累了多年的制片原则：一、充分准备；二、创造出有趣的角色；三、要交代清楚故事。

沃尔特有这样的习惯：周末去各办公室随便走走或者坐下来看看。沃尔特总是看完了剧本然后再去参加第二天的剧本会议。他能凭自己的直觉看出片子内容的优劣。他会把那些内容不怎么样的片子放在一边。或许他能在几月甚至几年之后提出改进意见，他总有自己独特的创造能力。

《罗布·罗伊》和《剑与玫瑰》是沃尔特在英国拍的两部冒险片。他根据一件发生在南北战争时的事改编了《罗布·罗伊》。沃尔特在这部影片中过足了玩火车的瘾。他还想在好莱坞制片厂拍另外两部颇受他喜欢的片子。

后来，沃尔特又摄制了一部关于动物的影片《沙漠奇观》。这部影片的来源是这样的，之前由于成功发行了动物真实生活片集，使得许多自然学家主动提供影片给沃尔特的制片厂。其中有一位加州大学洛杉矶分校的学生肯华斯历经艰辛，拍了一部有关沙漠的 10 分钟影片，记录一只黄蜂叮了一只毒蜘蛛，使毒蜘蛛瘫痪，然后在毒蜘蛛身上下卵。当小黄蜂孵出来以后，就以毒蜘蛛的身体为食，直到成长飞去。沃尔特看了以后，立刻决定拍摄一部以沙漠为题材的影片。

　　这时候瑞柯公司没落了，洛伊决定另找发行公司，但都不符合他的要求。最后，沃尔特把当初为《沙漠奇观》而特别设立的制景小组的重要推销人员找来，要他们负责以后影片的推销。《沙漠奇观》的制作成本只有 30 万，却为沃尔特带来 400 万的收益，成为制片厂最赚钱的一部影片。

快乐与知识的乐园

迪士尼乐园的构想

在迪士尼乐园中尽情欢乐的沃尔特

每到 12 月，沃尔特在俄勒冈州的妹妹露丝总能接到哥哥的来信，这已是 25 年来养成的习惯了。他总向她述说家里和制片厂里的情形。从小就对火车着迷的沃尔特，不但在办公室里有一套火车模型，他在新家也放置了一套。这套小型火车样样齐全，每一节车厢都经过特别设计。

这些火车模型，构成了沃尔特新企业计划的一部分。沃尔特每做一件事，连他的嗜好，都有其更深的目的。善于观察的沃尔特注意到，乘兴而来好莱坞玩的人，总以为那儿处处是明星，该是个五彩缤纷的世界。可是，这些慕名而来的人总是悻悻而归。

以前，带戴安妮和休伦去游乐园玩的时候，沃尔特发现孩子们的父母都一脸无奈的样子。公园的设施陈旧，服务人员的态度恶劣，卫生状况也很糟糕。沃尔特建立一个游乐园的构想就这样萌芽了。后来，他计划把地址选在对街一处的四角形空地上。在最初的设计构想里，第一个出现的就是小火车，火车站旁则有大公园。公园里有凳子、乐队表演台、饮水泉、树木花草，还有坐下来休息的地方。在这里母亲们可以看到孩子在游戏。沃尔特还构想了其他设施：如饮食店、歌剧院、电影院、无线电及电视广播室、玩具店、宠物店、书店、玩具修理店、洋娃娃医院、制售老式糖果的商店、玩具屋、家具店、出售迪士尼公司艺术家作品的书廊、音乐商店、儿童服装商店，售卖品种繁多的热狗和冰淇淋的摊子，还有供举行生日宴会的饭店以及邮局等。

为了使游客流连忘返，增加公园的娱乐性，沃尔特计划用马车将游客送到"西部村"，村内卖牧童用具，并备有与西部相关的东西，如小马场、骑驱场、西部电影放映院、西部事物的博物馆等。

沃尔特构建游乐园的想法越来越强烈。每次到欧洲、国内旅游或者出差，他总爱参加各种户外活动，而游乐园是他一定会去的地方。洛伊强烈反对建造游乐园的计划。沃尔特只好单独筹备游乐园的建造计划，为了支付建造费他甚至从他的保险中拿出 10 万美元。沃尔特请了一组专业人员帮助他设计。沃尔特不但收集小东西，还收养小动物。他对欧洲矮种撒丁尼亚驴入了迷，买了 4 头带回制片厂，又为游乐园请来了专门驯兽师。

1952 年 12 月，沃尔特为这个定名为迪士尼乐园的游乐园组织了一个沃尔特·迪士尼公司。为防止那些迪士尼电影公司的股东反对用沃尔特·迪士尼这名字，又把新公司名改为沃伊迪公司，总经理沃尔特，副总经理比尔·科特雷尔。沃尔特又找了一些人合作，他们研究了沃尔特的卡通长片，以便找寻设计的方向。

洛伊认定银行不会借钱给沃尔特建设游乐园，因为他们还欠着银行那么多钱。情况恰恰相反，很多人都愿意为这个计划投资，为此还建立了支持推展组织。沃尔特把计划进行还算顺利的消息告诉洛伊，洛伊才默许了沃尔特建造迪士尼乐园。

沃尔特已经把全部的心思投入到建造游乐园上，几乎达到狂热的地步。这个计划对他的意义看上去比创作一部影片还要大。因为游乐园像是他的梦想之地，他可以永无止境的想象、发展、增建、改变，像是永远会活下去一样。

游乐园的建造耗资是巨大的，沃尔特借来的钱远没有用出去的快。为了解决钱的问题，沃尔特想到了电视，但这件事以及游乐园的事必须得经过机构董事会的同意。沃尔特在董事会解释说："电视是让观众认识迪士尼电影的重要手段。"以前的两次圣诞节特别节目已充分证明了这一点。沃尔特告诉其他人，他会把制作卡通影片的才能和精力都投到电视节目里去，还会创造一些新的东西。没有创新就没有进步，不能因为害怕冒险就停滞不前。之前每一次拍摄的影片被大众喜爱，也是因为有新奇的因素在里面。

有些董事认为迪士尼公司过去没有涉及过任何和游乐园有关的事，这样做未免太过危险。沃尔特说公司过去办的是娱乐事业，而游乐园正是娱乐事业。他承认他们很难了解迪士尼乐园的前途，但他向他们保证："这是全世界所没有的东西，是了不起的事业，因为这是娱乐的一种新构想，一定会成功。"当他向大家说明的时候，他眼中含着眼泪，全体董事终于被说服了。洛伊同意去纽约和一家电视公司商谈一项合约，但必须要拿图纸让他们了解迪士尼乐园究竟是什么样子才行。沃尔特立即请人在周末之前赶绘出一张乐园的鸟瞰图来，并附带了一份说明。

迪士尼乐园的精神非常简单：希望人们在这里找到快乐和知识。这里是父母和子女在一起分享快乐时光的地方，也是教师和学生获得知识和教育的最佳途径。年老的人可以再度重温儿时光景，孩子们可以体验未来的挑战。这里充满了自然和人为的奇迹。这里既是儿童的梦想与欢乐天地，也是小型的博物馆。

以植物园为主的"冒险乐园"里有奇特的鱼、鸟，还可以乘坐由土人引导的探险船去巡航。"未来乐园"有移动的人行道、工业展览、潜水钟、单轨铁道、供儿童开电动车的"高速公路"，科学玩具商店，以及前往月球的"火箭太空船"。"小人国乐园"中可以乘坐伊利运河驳船，通过世界各大运河，并经过一个小人镇，那儿有 9 英寸高的小人。坐落在一个中世纪的古堡里的是"幻想乐园"，有亚瑟王旋转木马、白雪公主乘车游、爱丽丝幻境步行游、小飞侠彼得·潘飞行游。"西部乐园"有真正的西部街道、骑马车、快马邮递、骑驴，以及河上船只带你经过浪漫河镇、汤姆沙衣出生地、旧时美国南方农庄。还有"假日乐园"，会随季节变换而更换项目：夏天的马戏团，冬天的溜冰。

洛伊带着说明书和鸟瞰图与三家电视公司商谈电视节目的事。他对公司负责人说，谁投资给迪士尼乐园，谁就可以每周播放一小时的迪士尼公司的节目。谈判的过程并不顺利，经过一番努力，美国广播公司终于答应投资 50 万美元，获得了 30% 的股份。在这个公司的担保下，沃尔特借到了 450 万美元。

1954 年年初，沃尔特改组了 3 年前成立的迪士尼乐园公司。沃尔特·迪士尼机构和美国广播公司各投资 50 万，各持有 34.48% 的股份，西方印刷公司投资 20 万，持有 13.79% 的股份，沃尔特投资 25 万，获得 17.25% 的股份。

1954 年 4 月 2 日，迪士尼乐园和制作电视节目的计划宣告完成，10 月份的时候将开播电视节目。沃尔特宣布制作电视节目在电影制作行业产生很大轰动。当时的电视作为一种新的大众传播工具很不受重视，许多大制片人认为与电视合作，会毁了电影院的生意。戏院老板支持制片人的想法，并威胁戏院决不演与电视公司合作的制片厂的电影。

　　沃尔特认为电视是一种直接与观众见面的新闻媒介，如果他们知道我们在干什么，出什么样的电影他们都会去电影院看的。而在电影界，当他默默无闻时，影片没人愿意发行；当他直接诉诸观众，观众喜欢时，发行人才抢着发行，影评人也跟着说好。

　　1954 年 10 月 27 日开播了沃尔特新的影片，有关迪士尼乐园的进展情况在两次节目中播放。事实证明迪士尼的影片如《淑女与流浪汉》由于利用了电视而吸引了很多观众。以前，沃尔特需要依赖众所周知的神话故事，以便使电影一出来观众就能接受。现在，电视作为一种很好的推销工具应运而生，沃尔特卡通片的取材增多，像《淑女与流浪汉》，并不是神话故事，但电视观众完全了解了大致情节和角色，影片一推出便大受欢迎。

　　电视节目是由沃尔特亲自主持的，这么做是为了保证节目的连贯性。第一次上镜时，沃尔特非常紧张，但是他对节目要求很严格，决不允许存在任何错误，哪怕偶尔的发音稍稍不准确。他从不在节目中夸耀自己的成就或赞美他制作的影片，只是尽一切可能实事求是地把消息告诉大家。

　　电视节目的第一季中最轰动的片集是《拓荒英雄传》，这部影片使帕克成为明星，而主题歌高居流行歌曲排行第一名达 13 个星期之久。影集中主角所戴的帽子，更是风行一时，价格涨了十倍仍然是供不应求。《拓荒英雄传》的制作费为70 万，电视收入只有 30 万，但广告收入却极多。

1949 年成立的沃尔特·迪士尼唱片公司也兴旺起来了。沃尔特将在电视上放映的影片剪接成一部电影推出。大家都认为之前已经许多人看过了，如果再在电影院放演，一定只有少数人去看，结果沃尔特却赚了近 250 万美元。

　　影视事业的蒸蒸日上，使迪士尼机构的财务状况日益好转。洛伊常到美国银行洛杉矶分行去贷款，但现在迪士尼乐园的预算由 700 万增为 1000 万，美国银行只好请纽约银行家信托公司共同提供借款。不管怎样，洛伊总有办法替沃尔特把钱找来，这也许要归功于沃尔特从不限制他的企划人员和工程人员的预算。他平时常说："你不能为创造力定出价格。"

　　在沃尔特家中发生了一件大事，戴安妮要结婚了。沃尔特之前要求女儿一定要到 25 岁才能结婚，但是现在她才 20 岁。大家都认为沃尔特一定不会同意戴安妮的婚事，结果出乎所有人的意料。将要和戴安妮结婚的是米勒，他们是偶然认识的，两人都在加州大学上学。沃尔特很喜欢米勒，因此非常同意女儿和他结婚。

　　1954 年 5 月 9 日，他们在一个小教堂里举行了简单的婚礼。沃尔特为女儿的出嫁流下了既高兴又难过的泪水。第二年春天戴安妮生了一个儿子，取名克里斯多夫·迪士尼·米勒。沃尔特很高兴家里终于有了一个男孩子，但是对于没有为这个孩子取名沃尔特却有点失望。

梦想乐园终成真

迪士尼乐园的开放日期定在 1955 年 7 月。几经研究、实地考察，乐园地址最终选在正在建造的圣安娜高速公路附近的一个占地 160 英亩的桔园。初步估计投资为 1100 万美元。迪士尼乐园的原有计划有了变更：动物改成机械做的，放弃了"小人国乐园"。乐园以颜色和建筑物的变化使得各游乐区之间有一定的连贯性，使游客自然地产生玩下去的兴趣。这是沃尔特从摄制卡通片中得出的经验。

1954 年 9 月，即距离开放时间只有 9 个月时，才开始破土动工。沃尔特非常担心是否能如期开放。1955 年 1 月，有些地区远远跟不上工期，似乎只能暂不开放了，"未来乐园"的进度尤其落后，但沃尔特还是坚持要全园开放。他对手下的工作人员说："你们尽量努力干吧，差一点的地方我们在开放以后再加强。"计划人员一周工作 48 小时，沃尔特也和他们一起干。他严格要求每一件事，甚至垃圾箱都不放过。在他的要求下，垃圾箱和环境配合相当好，简直成了一项装饰品。他坚持饭店的装潢一定要讲究，因为如果全家人团团坐在一套价值 5 万美元的吊灯下面，食物又价廉物美的话，他们一定会觉得乐园之行充实而愉快。

有时候他的要求似乎超出了人力的范围，工作人员对他说："我们达不到你的理想。"沃尔特却说："这是因为你们太专于某一方面，条条大路通罗马，从一个角度办不到的事，不妨从另一个角度去试试看。"他的要求太严了，不能有半点折扣。比如为了增加水压，工程人员建议建造水塔，沃尔特坚决不同意，因为他认为丑陋笨重的水塔会把整个乐园的气氛给破坏了。他们最终想出了别的办法，增加引水的水源以确保有足够的压力，但是花费的资金就更多了。

一次，沃尔特的部下建议建造一座行政大楼，沃尔特想也不想就驳回了。他说，游客不是来看行政大楼的，你们也不需要坐在办公室里，而应该到乐园的各个地方去走走，看看游客在干些什么，想想该怎样使他们玩得更高兴。

乐园的环境是沃尔特及其注意的事情之一。营造环境的重要组成部分是树木，如何分配背景造出美的效果是不容忽视的问题。枫树和桦树计划栽在美国河流域，西部乐园则种些松树、橡树，沃尔特和工作人员到处寻找树种，而且是有特色的，能衬托环境、完善环境的树种。树种上后，沃尔特乘火车观看各处景观，发现树会挡住坐在火车上的游客的视线，使他们看不全园内的景致，于是下令把树向后移 50 公尺。沃尔特的一切考虑都以游客为主，他对设计人员说："我只想让游客高高兴兴地走进乐园，痛痛快快地玩，快快乐乐地离开。"在乐园建造的各个阶段，沃尔特常去察看，他常常蹲下身对工作人员说："你知道吗？游客中的儿童也一样要看到全景。"大多数计划人员从未想到过要从儿童的角度看乐园，沃尔特想到了。

建造过程中最顺利的要数建造火车了，沃尔特一向对火车最感兴趣，他带领工作人员一起干，很快就建好了。除了树，乐园中的大多数东西都是按比例缩小的。其中的"马克吐温"号就是如此，它辉煌得如同航行在密西西比河中引人注目的大船一样，却又灵巧纤细得适合乐园中的小河。沃尔特的工作人员考虑到没有经营乐园的经验，就找了两家公司，要沃尔特选一家来负责经营乐园，沃尔特没有采纳这条建议，"我们为什么要去找别人呢？我们完全可以自己管理好。只要我们都精力充沛、愿意学习、积极而友善就好了。谁都难免会犯错误，只要我们能从中吸取教训，我们就会前进。"

快要竣工的时候，一位母亲从美国东部来了一封信，信中说她患了白细胞过多症的 7 岁的儿子有两个梦想，其中之一是希望能坐坐迪士尼乐园中的火车。当这位母亲带着她的孩子到了加州，打电话到制片厂时，制片厂的人告诉他们星期六早晨到乐园去找沃尔特。

经过一番长途跋涉，他们坐着车到了乐园，见到了沃尔特。在游乐园没有建好以前是不允许对任何人开放的，当沃尔特听说他们的事后立刻同意了。"听说你想看我的火车，太好了，走，我们去。"沃尔特边说，边把孩子抱了起来，往铁路方向走去。起重机从平板卡车上把一节一节的车厢吊起来放在铁轨上，等到火车被接了起来，火车头也生了火，沃尔特把孩子抱进车厢，火车载着沃尔特和孩子进行第一次环绕乐园的行驶，沿途沃尔特详尽地为孩子解说乐园中正在建造的部分。在那个孩子离开时，沃尔特又送了他一张《淑女与流浪汉》的照片，并请他不要把坐火车的事情说出去。

迪士尼乐园完成的时间恰好是沃尔特和莉莲结婚 30 周年纪念日。他们发出了请帖，邀请了 300 人来参观。他们坐着四轮马车通过灯火辉煌的"大街"，穿过"西部乐园"的大门，到酒吧间去喝鸡尾酒。

沃尔特白天在乐园中辛苦地工作了一整天，很高兴这个时候轻轻松松地和朋友、同事欢聚一堂，他引导大家看园中的各个地方，边走边讲解。他领大家上了"马克吐温"号，船上挂着老式的灯泡，明亮得如同白昼。船鸣响汽笛，航行开始了。美国南方式的乐队演奏着铜乐器的音乐，侍者托着盘子，把薄荷白兰地酒送到客人面前。沃尔特在客人中走来走去，尽情地享受着他们的欢乐。经过长时间的辛苦工作，终于看到梦想成真，再加上白兰地酒，他已经陶醉了，飘飘然起来。大家又回到饭店吃了一些东西，饭后开始跳起舞来。每个人的脸上都洋溢着幸福快乐的笑容。

迪士尼游乐园终于开放了。太阳刚刚升起，游客们早已聚集在一起准备参加迪士尼乐园开幕大典。不出几个小时，方圆数十里的街道上都停满了汽车，开幕式第一天的客人都是邀请来的，入场券发给了制片厂的工作人员，建造乐园的工作人员、新闻界人士、政府要员及许多有关业务的人员。但由于有人造了假票，不请自来的人不可尽数，三百多万人挤进大门，各种乘坐工具都压坏了，饭店和冷饮店的食物和饮料被吃光喝光，"幻想乐园"的瓦斯管漏气，被迫关闭，太阳越晒越炙热，面对着一大堆不如意，工作人员的情绪都恶劣了起来。

乐园中的一位工作人员，对于开幕那天的情形一直记得很清楚：女士们尖高跟鞋陷到新铺的柏油里面；"马克吐温"号因乘客太多，甲板都与水面同高了；父母把小孩从别人头上丢过去以便抢着去骑阿瑟王旋转木马。

沃尔特没有看到这些糟糕的情形。当天，他被人请到一个又一个地方去作电视特别节目。直到第二天，他才从报纸上得知前一天的糟糕场面。大部分的新闻报道都表示了不满，有一位专栏作家甚至指责沃尔特故意减少饮用水的供应来强迫大家去买汽水喝。

沃尔特把开幕那天称为"黑色星期日"。他马上召集工作人员，解决紧急问题，如增加承载量、引导游客流动、解除乐园附近的交通堵塞、加速供应食物等。为了改善同新闻界的关系，沃尔特还邀请报纸、杂志和电讯社的工作人员带眷属到乐园来。在宴请他们的晚餐会中，他必亲自到场，为开幕那天的混乱道歉。自开幕日后，沃尔特不仅白天到乐园中来，而且晚上也常常在乐园中睡觉，甚至有时夜间工作人员常能看到他穿着睡衣在乐园中走来走去。

沃尔特在乐园中四处观察游客们的反应，向各部门工作人员询问有关改进的问题。建园一开始，沃尔特就强调园内要完全清洁。他说："如果你保持清洁，游客就自然会尊重你的劳动，会保持这份清洁，如果你听任这个地方脏下去，人们自然会把这个地方弄得更脏。"现在，保持清洁更成了重点，乐园中不卖口香糖，花生也只卖没有壳的，园中经常有人巡视，看到有人把脏东西扔在地上就马上走上去把它捡起来。

在乐园中，沃尔特似乎永远不知疲倦。只要看到游客脸上的笑容，他便心满意足了。他时常指着游客对旁边的人说："快看他们！你有没有看到过这么多快乐的人？"一天黄昏，乐园的一位工程人员走过"西部乐园，"看到一个人独自坐在一张板凳上，那就是沃尔特，他正在欣赏"马克吐温"号冒着白烟航过河道的盛大景象。

7个星期过去了，共有100万游客到过迪士尼乐园，比预计人数多出了一半，收入也增加了不少。

迪士尼乐园渐渐闻名全世界，到美国访问的皇室领袖们都坚持要到乐园一游。沃尔特炫耀他的乐园就像父亲炫耀引以为自豪的儿子。第一位访问乐园的外国元首是印尼前总统苏加诺，后来泰国国王和王后、摩洛哥国王穆罕默德五世、尼泊尔国王和王后都曾光顾过乐园。不可避免的是，乐园的人经常会认出沃尔特，当大家只顾注意他而忽视了贵宾时，他会觉得窘迫不堪，这种时候，他往往会说："这是比利时国王，一位真正的国王。"或者："这位是印度总理。"

1955 年 9 月 14 日，迪士尼乐园电视影集在美国广播公司进行第二季度的播映，推出了《邓波儿》影集，这部影集成了全美收视率最高的节目，10 月 3 日，沃尔特又提出了新的设想，决定推出儿童节目《米老鼠俱乐部》。这部节目是沃尔特·迪士尼第一次专为儿童设计的，他几乎是把全部的创作才能和制作设备都投入到其中了。节目包括新闻片和《米老鼠》《唐老鸭》卡通，新闻片负责报道其他国家的儿童活动，卡通片是根据儿童故事改编制作的，由 24 位极有天才的童星串联成"老鼠帮"来演出的。

《米老鼠俱乐部》受到观众热烈的欢迎。星期一到星期五，在下午 5 点到 6 点的播出时间里，几乎全美国的观众都静静地坐在家中观看。不仅儿童，连大人都会唱《米老鼠俱乐部》的主题歌，"老鼠帮"所戴的老鼠耳朵帽子一天就能卖出 24000 顶，200 项其他物品交给 75 家厂商制造出售，24 名"老鼠帮"都成了家喻户晓的明星，其中一名童星一个月要收到 6000 封信。

美国广播公司因为这部为儿童设计的节目大赚了一笔，光广告费就收了 1500 万美元。沃尔特·迪士尼机构从美国广播公司收到 250 到 500 万美元，这是制作成本的一半，另外靠出售物品达到收支平衡。《米老鼠俱乐部》也有其他的收获，原本卡通短片已经不赚钱了，沃尔特一年只拍摄 6 部。

那些新成长起来的小孩子根本不知道米老鼠、唐老鸭和迪士尼乐园的其他卡通明星，但从电视里，几乎所有的孩子都认识了它们。这些卡通明星的地位开始恢复了。

在好莱坞奋斗了30年，沃尔特不仅获得了成功，而且这成功远远超出了他的梦想，他一连摄制的4部电影全都轰动一时，2部电视片影响力深远，弥补了赚钱不多的不足。命运的好转并没有影响沃尔特的日常生活，他并不引以为荣而大肆渲染。"我讨厌只是为了赚钱而去做事，"他说，"当然你也不能说我不重视金钱，我对金钱只有一个看法，不要把它堆在那里，而要用它去办些有益的事"。

沃尔特深知公司必须要成长繁荣，才能取得股东的信任。他曾说："我关心我的股东，对我来说这是一种道德的义务。"他对过去善待过他的人也很关心，以前在堪萨斯市有一位饭馆的老板曾让他赊过60美元的账款，后来沃尔特还了他1100美元。

沃尔特制作的卡通影片和卡通明星到底有着什么样的魅力，到今天都流传不衰？沃尔特并不认为自己的制片有何神奇之处。在他小时候，曾经看过一本有关艺术的书，书中告诉他，要想成为著名的画家要自成一格。沃尔特的独特个性恰恰就是追求平凡。其他的同事甚至是他的女儿都认为，沃尔特创作出来的情节太普通了。然而，正是这平凡，使得他的影片源远流长。他曾说："迪士尼是一项标准，是大众脑海中的一个印象。在他们的想法中，迪士尼是一种娱乐，是一种全家可以共赏的东西，而这一切都归之为迪士尼这个名字……"

1957年电视推出第3部影集《佐罗》，又受到观众的欢迎，专集的收视率也相当高。

《佐罗》虽然连着两个季度都轰动，但美国广播公司为了节约，不愿向独立公司买节目，从而拒绝第3季度的播映，经过诉讼和长期谈判，迪士尼获准可以在其他公司播出他的节目，条件是必须用750万美元从美国广播公司买回迪士尼乐园的股权。沃尔特很爽快地答应了，因为其他公司拥有的股份早已转售给迪士尼机构了，这样一来，迪士尼机构就可以全权经营管理乐园了。

从一开始从事制作电视节目时，沃尔特就认定电视一定会走上彩色的道路。他的影片是彩色的，美国广播公司却以黑白片播出。和广播公司的问题解决了以后，沃尔特便和国家广播公司联络上。国家广播公司的母公司正在生产彩色电视机，和国家广播联络，是因为沃尔特想播出彩色节目。

1961年9月24日，沃尔特·迪士尼的"彩色世界"首次播出，此后，迪士尼和国家广播公司之间长期的合作开始了。

不断改进梦想之园

不知疲倦的沃尔特

迪士尼乐园开放之后的 5 年间，迪士尼机构得到了极大的发展。沃尔特仍旧经常到迪士尼乐园去，他孜孜不倦地研究着怎样才能更加完善乐园的设施，使游客们永不厌倦。有一次，他看到在"美国之河"里的"马克吐温"号正离开码头，还有许多小船穿梭来往，他就要求工作人员再增加一艘大船，于是又增加了大帆船"哥伦比亚"号。

维持乐园整体的形象是沃尔特最注意的事。一天，工作人员把汽车停在"西部乐园"的火车站旁，沃尔特看到了大为生气。"人们到这儿来是要看过去西部的情形，"沃尔特说，"你的车子把整个西部形象破坏了。"沃尔特也很注意工作人员的工作态度，他要求工作人员对游客要像对客人一样有礼貌和表现出高度热忱。他说，乐园出售给游客的是快乐，这里不需要不快乐的员工。

以前因为缺少资金和时间,"未来乐园"做得不符合沃尔特的要求。1959 年,沃尔特花了 600 万美元,把它重新修建了一番,架设了高架平轨铁路,开辟了水下潜航,增加了仿照阿尔卑斯高山而建造的马特合恩峰。1959 年 6 月新增项目完工,这给日益增多的游客开辟了极重要的游玩空间。4 年内,这里吸引了 1500 万游客。

电影仍是迪士尼机构的主要产品,迪士尼乐园开幕以后也随之兴旺起来,沃尔特通过电视把影片介绍给观众。"迪士尼制作"几乎成了老少皆宜影片的商标。沃尔特的许多影片的艺术魅力是不受时间限制的,像《白雪公主》等,他们把这些好影片每隔 7 年便重新发行一次,所得的收入几乎是净利。有些影片初映并不成功,第二次发行却很成功,沃尔特高兴极了,像《小飞侠》1957 年再发行时赚了 200 万。沃尔特强调电影材料要拓宽,有一次剧本部以不适合小孩子看为由拒绝采纳一部剧本,沃尔特生气地对他们说:"我的电影要给全家人看。如果只给儿童看,恐怕我会穷得没有衣服穿。"

沃尔特以 5 万美元的代价买下了小说《父亲离家时》改编拍成电影的专利。改编时,有人认为小孩把他心爱的大黄狗枪杀掉的结局太悲惨了,沃尔特说:"这个故事发生在 1869 年得州的一处农庄,大黄狗被狼咬伤得了狂犬病,这在当时是无法救治的,大黄狗必须得被枪杀掉,这样才有真实感。当然孩子们会哭的，但通过这部影片，可以让他们了解到生活不都是欢乐的。"影片播出后，赚的钱比任何一部真人电影还要多。沃尔特拍的几部带有幻想性的喜剧电影也都很赚钱，但由于忙于迪士尼乐园，电视和真人电影、卡通长片《睡美人》没有拍好，赔了钱，随后又有好几部电影也相继赔钱。

1958 年到 1959 年间，迪士尼机构赚了 340 万，但由于几部电影的赔本，第 2 年赔了 130 万，第 3 年情形又有了好转，以 4 部影片赚回 1900 万美元。

1961 年 4 月 25 日，沃尔特和洛伊庆祝公司成立以来的一件大事：他们欠美国银行的钱终于还清了，22 年来，电影的收入第一次不经过美国银行，而直接交给了沃尔特·迪士尼机构。

迪士尼乐园的成功创办和受欢迎程度，使得有人提出投资给沃尔特，让他在另一个地方再建一座迪士尼乐园。"只有一个迪士尼乐园"，沃尔特很坚持这一点，但他似乎另有计划，一次他对一位同事说："在迪士尼乐园，只有美国一小半的人来游玩过，在密西西比河的东边还有很大的地方。"在沃尔特的心中，他想建一座比迪士尼乐园更好的乐园，那座乐园将如同一座宏伟的城市。

这个想法早就在沃尔特的心中浮现，他做每一件事都有详细的计划，绝不盲目去做。当他在洛杉矶看到，因为汽车的出现，使得一个曾经阳光普照的小镇变成了一座现代化大城市，但随之而来的却是更多的灰色柏油马路、弥漫的烟雾。

他讨厌这种灰蒙蒙的生活，他要尽自己所能，恢复他童年时曾经过的舒适生活，让后代从机械化的生活中逃离出来。

1958 年，他开始在美国东部寻找合适的地方。被委托选址的公司选的是佛罗里达州，正符合沃尔特的心愿。因为那里气候温暖，乐园可以长年开放。1959 年，委托公司又进一步做了两项测量：一是看佛罗里达州内哪个地方最好，二是看乐园外围是否可以建造一座"未来城市"。委托公司的调查结果说棕榈滩最佳，但遭到了沃尔特的反对。他认为这样会和同样受欢迎的海滩活动竞争，毫无必要，另外，海边潮湿又多飓风。

1961 年又进行一项调查，首选地点是奥卡拉，次选是奥兰多。后来由于沃尔特正在计划纽约博览会的事，就把此事暂时搁置起来。1963 年，他下令再次到佛罗里达州调查，由于该州即将建造的高速公路要经过奥兰多，于是，沃尔特认定奥兰多是最佳地点。

1963 年 11 月，沃尔特亲自坐飞机去考察，看到奥兰多附近的许多沼泽和森林。然后他坐飞机飞往新奥尔良，在去往旅馆的途中，他发现有许多人围观电视，等到旅馆，他才知道是肯尼迪总统遇刺身亡。沃尔特难过极了，在飞往加州途中极少说话，直到快到博班克时，沃尔特才说："就那个地方——佛罗里达州腹地。"

沃尔特派去买地的人，为了避免土地商抬高售价，都用化名，但由于需要的面积太大了，引起了许多怀疑与猜测。到

1965 年 10 月，还有近 300 英亩地没有买下来。这时，东部记者到迪士尼制版厂访问，一家奥兰多报纸的记者问沃尔特，他是不是在佛罗里达州买地。他答复道："我对此无可奉告。"在佛罗里达州买地的职员查看土地后，星期天返回旅馆，看到报纸上大标题："买地者正是迪士尼！"消息泄露出来了，地价一下从 183 美元一英亩猛涨到 1000 美元一英亩。

在佛罗里达州州长主持的新闻发布会上，沃尔特第一次在公众面前，描述了他理想中的"未来城市"："我要建立一个模型社区，一座未来城市，我相信人还是要活得像个人一样。我仍有许多事情要做。我并不反对汽车，但我认为现在使用的汽车太多。我认为可以提出一种设想，汽车也存在，但人们可以自由地、安心地走路，我一直希望能在这样的环境里工作。而且，我的构想也要用在学校、社区设施、社区娱乐和生活上，我要建立一个未来的学校，这可能成为一项教学的初步计划——到全国各地去，到全世界去。今天的最大问题是教学问题。"

在后来的计划中，因为乐园部分的建设已有范例了，再加上有大量人才，沃尔特就很少亲自监督了。沃尔特关注的中心在于整体的构想和未来城市的设计。未来城市的设计，是一项很艰巨的工作，花费了沃尔特大量心血。沃尔特要把每项科学进步的项目都体现在这个城市里。

沃尔特清楚地知道要想长久地发展迪士尼机构，不仅需要制定新的目标，还要创新。要想提高技术水准、拓宽想象力，就必须接受新的挑战。

他还计划在园中展出美国历史，称为"总统之厅"，把每位美国总统做成真人大小，首先要把谈话和动作都像总统的活动塑像做出来，这样综合构造声音和动作的塑像，被称为"声动电子塑像"。

1960年，沃尔特得知纽约将举办一次博览会。各行业的著名公司都要花很多钱在那里建造展览场所。那些公司都存在一个最大的问题，就是不知道为什么要这么做，只知道别的公司都这么做，也就跟着去做。沃尔特决定为那些公司提供服务，他想用迪士尼乐园为例，向他们证明他的公司可以做。沃尔特召集策划人员，对他们说："这是我们扩展和扬名的大好机会，用他们的钱来发展我们的技术，以便为今后的再发展打下基础。通过这次展览,使乐园高度引人注目,我们可以对这些公司说，我们为他们办的展览，在博览会中展出一年后，还可以继续在迪士尼乐园中展出5至10年。"那些著名的公司接受了沃尔特的做法。

沃尔特替福特公司设计一条"神奇天道"，让福特车载着游客，行驶通过一群声动电子塑像，塑像显示出人类从石器时代进步到现代的情形。他们为奇异电器公司设计了一个戏院，戏中的椅子可以围绕一系列不会转动的舞台旋转，舞台的陈列展现出美国家庭和电器的发展变化。百事可乐高级干部到加州来，请沃尔特帮忙设计"这是一个小世界"展览，沃尔特毫不犹豫地答应了。纽约世界博览会主席到乐园来后，大赞"总统之厅"的幻灯片和林肯模型,说:"我一定要让'总统之厅'在博览会中展出,否则便不开幕了。"沃尔特表示来不及把"总统之厅"做好了,但保证一定要把林肯模型做好。

工作人员加班加点,赶着要在博览会开幕之前把四项计划都完成,沃尔特提出了许多意见和建议。计划中要求的东西先在制片厂制造,然后拆开运往纽约,时间日渐迫近,有些零件未经试验便运走了。

不到一年的时间,沃尔特创造了完成四项计划的奇迹,美中不足的是林肯电子塑像做得不够好。到了纽约,工作人员试验林肯塑像,开始还好,后来便乱动了起来。有人认为这是因为纽约太潮湿了,也有人认为是因为附近灯光的电波太强了。开幕前两天进行试展,林肯故乡伊利诺伊州的州长和史蒂文森以及200多名显要都参加了,"林肯"的病依然没有治好,沃尔特只好当众宣布伊利诺伊州的展览厅暂不开幕,不过他保证一定尽快修好,尽快开幕。

一星期之后,"林肯"突然好了起来,6月2日,伊利诺伊州展览厅开幕后,便成了最受欢迎的地方之一。"这是一个小世界"被评论家评论为最美妙的地方。工业展览方面,由沃尔特设计的奇异电器公司的"进步世界"和福特的"神奇天道"列为吸引游客的第2名和第3名。

根据合同约定,奇异电器公司和福特公司要各付100万美元的费用,但展览结束后,沃尔特提出:如果这两家公司把展览移到迪士尼乐园,这些费用便算作搬运费,这两家公司自然同意,继"这是一个小世界"和林肯塑像移入乐园后,乐园中又多了两处吸引人的地方。

沃尔特不管是在制作影片上,还是完善迪士尼乐园的过程中,从不愿意因为钱而受限制。如果有工作人员说出,有一项计划但是要求资金的配合时,沃尔特只会回答,不要考虑钱的多少,最重要的是计划本身好不好。

1960 年,沃尔特得到了新的活动工具——一架飞机。由于他常到各地方去联络业务,有一架飞机就方便多了。

沃尔特已经 60 岁了,时间的流逝使他感到恐慌,他总是担心不能在活着的时候做完自己想做的事情。他脾气变得更坏了,尤其厌恶别人对他提一些不必要的问题或者是没有按照他的意愿做事情,他觉得那是在浪费他的生命。

沃尔特喜欢的食物有墨西哥肉饼、豆子、汉堡包、马铃薯和馅饼等,这些高热量的食物把他的体重增加到 185 磅,因此他决定自我限制饮食。医生告诫他说吸烟致癌,他却始终没有戒烟,香烟已经成为他生活中不可缺少的部分,不抽烟他会觉得手足无措。以前从马上摔下来所受的伤,现在更痛得厉害,几乎使他不能忍受。疼痛发作的时候,他脸色发白,甚至会用拳头捶打自己以此来减轻疼痛的感觉。

他不停地工作,有时候甚至把剧本带回家看。半夜里莉莲醒来,常会发现他站在梳妆台前,研究剧本、画图样,或自己跟自己讨论一项计划。莉莲最高兴听到沃尔特这样的电话:"收拾一下你的东西,我们去欧洲。"事实上,沃尔特的旅行总有他特别的目的。在欧洲看到的一种海浪制造机器使他设计出"潜艇之旅"。为了研究据说过去是海盗巢穴的火山岛，他才带着莉莲一同去西印度群岛度假，迪士尼乐园中的"加利赛海的海盗"便是这次度假的成果。还有一次，沃尔特在波多黎各买了一只机器鸟，后来乐园中便增加了"啼奇屋"，屋中有许多机器鸟在歌唱。

沃尔特还常为了查看影片的摄制外景而去国外，为勘察《快乐之航》外景他高兴地去了巴黎，回味了 1918 年他还是个青年时在巴黎生活的情景。

如果早上没有预约，沃尔特便会先到公司看看。公司最富挑战性的工作之一是使立体的东西能够动起来，这在二战之后便开始了，如跳舞的舞女等，4 人乐队也可以表演唱歌和逻辑动作，乐园中也有会动的假动物，但动作简单。乐园成功后，沃尔特就致力研究制造出像真实人物一样会动的东西。1963 年"啼奇屋"做成并开幕，225 只假鸟、南美土人、众神表演了 17 分钟，有唱歌、说笑、出来和退回等动作，假人的动作比假动物的动作更难模仿制作。

1959 年 5 月 10 日，休伦和罗勃·布朗结婚了。布朗是一家建筑公司的设计师。结婚当天，沃尔特再次流下了五味杂陈的泪水。沃尔特家的人口大大增加了，戴安妮生了第五个孩子，这个孩子的名字是沃尔特·伊利亚斯·迪士尼·米勒。沃尔特之前一直为戴安妮没有给孩子取自己的名字感到生气，现在终于高兴了。

米勒离开军队后，到制片厂来担任第二助理导演。由于他做事很有效率，沃尔特最后将他升为制片。经过沃尔特的几次邀请，布朗也同意加入沃尔特的公司，担任策划人员。1953年,洛伊的儿子小洛伊在制片厂任影片剪辑学徒，然后拍些电影摄制的后台任务影片，制成电视节目。虽然他非常努力，但能力有限。而沃尔特有意从他们中选出一个继承人。

最后的荣耀之光

为了培训新的卡通绘制员工，沃尔特曾经开设短期的艺术培训班。当时，他还联系过乔纳德艺术学院作指导。第二次世界大战后，美国政府积极支持退伍军人转学艺术，在这样的背景下，乔纳德艺术学院十分有名，后来却因为管理不善而面临崩溃的边缘。

乔纳德想到了沃尔特，于是将学校的困难告诉了他。沃尔特想，以前乔纳德学校曾让自己的人员免费就读，在困难时给予他们资助是应该的，于是一口答应了。但是，后来沃尔特发现，长期提供资金、物质资助，并不是个能治根治本的办法。于是，他找到工作人员，一起研究并订立计划，目标是使学校现代化，并设立橱窗，让学生展览和出售自己的作品。同时，洛杉矶音乐学校也因为管理不善而迅速败落。

1962 年，在沃尔特四处奔走下，终于如愿把两所学校合并在一起，成立了加州艺术学院。他派人到各艺术学校和音乐学校去参观，研究它们的课程和设施，在此基础上周密地拟定加州艺术学院的蓝图。订出计划后，他们就开始选择地点。他们考察了 30 多个地方，最后由迪士尼机构捐出金橡树农场中的一块 38 英亩的地作为新学校的校园。

1964 年，沃尔特举行了一次记者招待会，向全国介绍加州艺术学院。他说："不要求学校的面积有多大，大了就会让学生认为，自己只是一个大地方的一小部分而已，使校方和学生关系疏远。我喜欢像工厂一样的，学生可以随时进来学习任何一门艺术。他可以开始学绘画，但也许最终成为一名音乐家。普通大学并不这样，它限制学生，不让学生学太多东西。我们加州艺术学院绝不走这条路，学生可以学任何东西——绘画、音乐、舞蹈、写作。毕业时，他们将获得美术学位。学生数目不可以超过 2000 人，尽量都住在校园里，他们应能够自我表现而不怕留级。学院要设多项奖学金。我们需要的是有天分的人，这也就是进入加州艺术学院的一项条件——天分。"

1964 年，沃尔特制作了他最成功的一部电影《玛丽·波平斯》。8 月 27 日这部影片在好莱坞格劳曼中国大剧院首演时，受到观众热烈称赞，影评人也一致叫好，第一次发行总收入高达 4500 万美元，更让沃尔特高兴的是它被提名参加第十三届奥斯卡金像奖评选，获得了五个奖项，女主角朱莉·安德鲁斯获最佳女演员奖。

　　沃尔特的创作涉及的内容几乎涵盖了各方面，从新的动画片《丛林的故事》、迪士尼乐园新增的"鬼屋"，到音乐片《最快乐的百万富翁》等。他甚至还自己动手写了一个电影剧本，叫做《克鲁索海军中尉》。作者的署名是正好是他英文名字的倒写。

　　迪士尼的会议室墙上挂着一张极为显眼的迪士尼乐园的空中地图。地图旁边是一张《综艺》杂志所列的电影史上最赚钱的电影名单放大表。从1960年开始，前50名中就有7部沃尔特制作的电影。当沃尔特开始摄制全家共赏的电影以后，每年总有一两部进入前50名之内。沃尔特对记者说："我把这张表挂在这里，就是要研究最赚钱的是哪些片子。我发现，大部分最赚钱的影片并不是有许多奇特事物的影片，而是可以供全家一起观看的影片。"

　　不管多忙，沃尔特也不会忘了关心他的亲人朋友。当朋友、同事遇到不幸时，他都会写信慰问；当以前的同学、朋友写信给他时，他会及时地寄上一封长长的回信。沃尔特支持一切慈善活动，尤其是有益于儿童的。到了圣诞节，他的秘书要忙得团团转，因为要替沃尔特送礼物给他的朋友、制片厂工作人员、同行的孩子、新闻记者等。礼物全是迪士尼电影中的人物模型玩具。

　　给太太和女儿的礼物，沃尔特总是到圣诞节前一两天去买，大多都是贵重的香水，但是，谁要送礼物给他，就会感到很为难。因为他总是喜欢简单而有趣的东西。他的护士花了不到一美元买了一个万花筒送给他，沃尔特却高兴极了。每当有客人来时，他总是要客人看他的万花筒。

距迪士尼乐园开放已经 10 年了，最早的 22 个游玩点增长到 47 个，资本由 1700 万美元增为 4800 万美元，游客共计有 4200 万人次。沃尔特的荣誉也不断增加，但他获得的最高荣誉是 1964 年 9 月 14 日，约翰逊总统在白宫授予他的自由勋章，这是平民所能得到的最高勋章。颂词上说："作为一名艺术家，沃尔特·迪士尼在娱乐方面，已经创造出了一个美国民间的奇迹。"

1965 年夏，沃尔特租了一条船，带着全家到温哥华北部的内河去游玩。他带了两本书去，他的时间多数都花在看书上。这两本书，一本是关于城市设计，一本是讨论怎样建立大学机构，这都是沃尔特感兴趣的事。

沃尔特参加"迪士尼世界"计划会议。他带去了一张引人入胜的草图，上面有公园、旅馆、湖泊、露营区和汽车旅馆、游客汽车营地、飞机场、工业区入口，还有一条说明：卡通行驶道路在单轨道下面。沃尔特接受记者的采访时说："迪士尼世界将是未来城市的雏形，要能够满足市民的各种需要。这将是一个有计划、有管制的社区，一个显示美国工业和研究、学校、文化和教育机会的橱窗。在这个城市里，没有贫民窟，没有富裕者，也没有股票控制权。有租金便宜的房子给市民租住，但不能买房子。这里没有退休的人，每一个都必须工作。我们的一个要求是，住在里面的人必须要保持这个城市的活力。"沃尔特把这个计划中的新游乐场叫做"埃普科特"——"实验型未来社会"的缩写。

"埃普科特"奠基时，沃尔特又在研究他的"矿物王"计划，在另一个迪士尼乐园的游乐场周围建一个终年在户外活动的娱乐场，建造地点选在加州北部中心的滑雪区。为了建造这个娱乐场，沃尔特向当地政府提出1500万美元的担保，保证绝不破坏当地的自然资源。

1966年年初时，沃尔特出现在屏幕上，有千万名观众见到了他，他在帕萨迪纳市的玫瑰比赛大游行中担任总指挥。观众们每星期都可以在电视影集上看到他，因此这次看来他似乎也没有什么改变：头发直直的，胡须修剪得很整齐，稍有点灰白，开朗的笑容和上扬的眉毛依然如故。他身边的人却能感受到他的变化。毕竟岁月不饶人，他已经64岁，很难再有过去那无穷的精力了。

沃尔特的旧伤越来越严重，疼痛从颈部向下延伸到背部和左腿。护士通过为他按摩来缓解疼痛的办法已经不太有效了。脸部的疼痛常常在晚上发作，使他不能睡觉，要用热敷。长期的鼻炎也需要每个星期去治疗。沃尔特也常常感冒，有两次还发展成肺炎，又得了肾脏病，他成了医院的常客了。疾病似乎使他意识到时日不多了，因此他一点也不愿意放松工作。

沃尔特和莉莲更加亲密了。两人常常手牵着手，走过电影布景地，或检视声动电子塑像。莉莲的衣着品位是沃尔特向来引以为荣的，他还以此来教训衣着随便的戴安妮："宝贝，在穿着方面为什么不学习你母亲？"莉莲喜欢鉴赏古玩，他也很赞许。即使有时买下很贵的古董，他也不抱怨。莉莲总是担心沃尔特的宏大计划，但当他成功时，她也引以为豪；当他受到尊敬时，她便觉得高兴。莉莲和沃尔特在纽约参加了太空人宴会，之后她打电话给戴安妮："似乎每个人都认为你父亲是世界上最重要的人物。"

沃尔特更加珍惜和家人在一起的时间，他已有 7 个外孙，他很喜欢他们，戴安妮和米勒有 6 个小孩，而休伦和布朗只有 1 个女儿。

沃尔特与洛伊的关系也融洽了许多。洛伊有退休的念头，沃尔特想尽办法不让他退休。沃尔特还打电话给艾迪娜说："你喜欢洛伊整天待在家里给你找麻烦吗？"沃尔特也对洛伊说："佛罗里达州那么庞大的计划，没有你的支持怎么行呢？"洛伊难以拒绝沃尔特的请求，只好继续干下去。

使沃尔特深感荣幸的是有几个地方都是以他的名字命名的，一个是在宾夕法尼亚州杜利镇的学校，一个是他的故乡马瑟琳镇，另外一个当然是迪士尼乐园附近的街道。

尽管病痛折磨着沃尔特，但是他想做的事情似乎比以前更多了。他参加慈善活动、出现在电视节目中、担任洛杉矶音乐中心表演艺术科学会的理事等，他似乎想把一分一秒都创造出价值来。

永远的怀念

沃尔特的墓地

沃尔特的健康状况已经严重恶化，手术不能再拖延了。他呼吸困难，剧烈的疼痛几乎使他的腿不能动弹了。1966 年 11 月 2 日，他进圣约瑟医院检查，X 光透视发现他左肺有核桃大的阴影。医生决定：必须马上手术。

11 月 7 日，沃尔特与家人一起度过上午后，他自己开车到圣约瑟医院住院。手术定在第二天早晨进行，手术开始前，沃尔特安慰大家不要紧张，叮嘱莉莲不要到医院来，但戴安妮坚持要守在医院，她紧张地等待着消息。

医生出来了，告诉他们一个残酷的消息："沃尔特活不久了。"全家人都不相信。当戴安妮开车再去医院探视父亲时，她相信父亲一定会康复的。晚上，在加护病房的沃尔特慢慢地恢复知觉。沃尔特显得很疲惫，他轻声地问戴安妮："开刀的时候，你在这里？"她点了头。他又很虚弱地问："你母亲也在这里吗？"当莉莲来探视沃尔特时，他极力表现出乐观。他面带微笑告诉妻子，他现在是一个新人了，因为他只有一个肺了。

住院两星期，沃尔特觉得无聊透了，急着要回去工作。回到公司，他先去办公室，阅读了公司各种计划的报告，还开了几次小会。沃尔特对他的秘书说："我经历了一次大难，现在是大难不死，但是我会康复的，需要的只是暂时的休息。你们要继续拍电影，我尽力协助你们。"讨论了一会儿剧本后，他说："剧本最重要，有了好剧本，一切就好办了。"

沃尔特在制片厂饭厅吃饭时，周围的人见他瘦得厉害，都大为吃惊。他只是说没有关系，休息一段时间就好了。他不愿多谈自己的健康问题，岔开话题，询问起公司的各种计划进展情况。饭后，他到公司大楼，查看各处工作情形。

感恩节前夕，莉莲和沃尔特到米勒家吃晚饭，莉莲开车，沃尔特喜欢与外孙待在一起。沃尔特以为，晴朗干燥的沙漠地带会对他身体有益，于是和莉莲飞到棕榈泉，但他在那里住了一夜后，身体更加虚弱了。11月30日，他又住进了圣约瑟医院。他的情况恶化，比医生预料的还要坏。钴放射性治疗使他力气丧失，没有胃口。

洛伊带来公司的进展报告，米勒也来看他。沃尔特盼望着家里人来看他，但有时又希望只留下他一人，他不想让莉莲和两个女儿看到他痛苦的样子。他越来越虚弱，药物治疗

迪士尼乐园

使他有时神志不清。

12 月 4 日下午，莉莲到医院看望沃尔特时，他一再地拥抱她。莉莲非常激动，她以为沃尔特好些了，还打电话告诉戴安妮这个"好消息"。当晚，洛伊也来医院探视，兄弟俩谈了一会儿公司的事。洛伊看沃尔特气色不错，他也以为沃尔特会康复的。然而，第二天早晨 9 点 35 分，沃尔特因循环系统衰竭而与世长辞了。这天是沃尔特的 65 岁生日，但他已不能举行任何庆祝活动了。

各国的报纸都报道了沃尔特不幸离世的消息。全世界的人都为沃尔特的逝世哀痛不已。许多人不愿意相信他已经离开了世界。美国前总统艾森豪威尔说："在全世界，他受到各方的欢迎，他的影响遍及五大洲，因为他触及全人类的心灵。像他这样的人，我们要等待很久很久才会出现。"当时的约翰逊总统从白宫写了一封信给莉莲，以示哀悼："这位受人喜爱的艺术家去世了，这是我们全美和全世界为之伤心的日子。在您丈夫的才华的照耀之下，千千万万的人享受到了一种更光明、更快乐的生活。他所创造的真、美、欢乐是永世不朽的。希望这一点能使您稍微感到宽慰。沃尔特·迪士尼创造的奇迹，比生命的奇迹更伟大，他留给我们的珍贵遗产将流芳万世，使世世代代都从中得到欢乐和启示。"

　　美国哥伦比亚广播公司"晚间新闻"的评论，似乎更确切地表达出美国人失去沃尔特的心情："对于沃尔特的去世，我们该说些什么，这个问题新闻部想了很久，才能勉强表达出一点心意。他是位奇特的天才,是位百年难遇的欢乐使者。尽管沃尔特只是以己之见尝试着表达出他自己对欢乐、爱、儿童的体验，但是，我们只能承认：我们这个时代，是没有资格得到像他这样的人物的。他以他的欢乐世界，治疗或者安慰精神有问题的人；他做到的，可能比全世界的精神病医生还要多。在这个所谓文明的世界，几乎没有人不曾花过数小时沉浸在他思想的想象之中，沃尔特总是有本领让文明人感到心情更舒畅。沃尔特·迪士尼，他明白纯真的童心中绝不会掺杂成人的世故，然而每个成人却保留了部分未泯灭的童心。对小孩来说，这个令人厌倦的世界还是崭新的，还是有着许多好东西；迪士尼努力把这些新鲜、美好的事物为已经厌倦了的成人保留了下来。根据传统的看法，米老鼠、小飞侠、白雪公主和七个小矮人都是神奇的幻想，是从现实世界中逃离出去的东西，但是与洲际导弹、污染的空气、枯萎的森林，以及从月亮上带来的岩石相比，我们不禁要问：到底哪些是不真实的，哪些是更奇幻的呢？这是一个奇幻的时代，但是沃尔特的奇幻不会使人丧生。大家都在惋惜：我们再不会看到他这样的人物了。"

沃尔特逝世的消息震惊了迪士尼机构，有些人已经和沃尔特共事 30 年了，他们的悲痛之情难以言表。虽然沃尔特离开了，但是迪士尼仍然要继续发展下去。73 岁的洛伊不得不撑起迪士尼机构前进的舵。

洛伊知道沃尔特最大的心愿是建成迪士尼世界。1967年，佛罗里达州通过了建迪士尼世界的决定。1971 年，迪士尼世界终于落成了。沃尔特大部分的梦想都已经实现了。在迪士尼世界中，人们已看到了未来城市的雏形。

未来学家雷·布劳德博预言：沃尔特·迪士尼将影响好几个世纪人的思想。在沃尔特去世后的几年，他还是活在全球人的心中。看他的影片的人越来越多。早期的米老鼠影片再度成为热门。

从欢笑卡通公司到迪士尼世界是一段很长的路。令人遗憾的是，沃尔特没有全部走完，这同样是他最遗憾的事。洛伊在迪士尼世界开幕会上说："他是一位真正的天才——有创意、有决心，目标明确，而且干劲十足。他的一生，从来没有因为困难而退却，更没有放弃过目标和理想。"

沃尔特·迪士尼虽然早已离去，但是他留下的永传不息的经典卡通形象和带给无数人快乐及温暖的迪士尼乐园，使他永远活在人们的心中。迪士尼已经成了梦想和快乐的代名词。